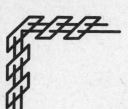

PROVERBIOS PARA NECIOS

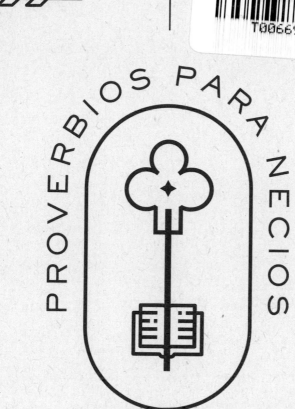

SABIDURÍA SENCILLA

PARA

TIEMPOS COMPLEJOS

PEPE MENDOZA

Vida

La misión de Editorial Vida es ser la compañía líder en satisfacer las necesidades de las personas con recursos cuyo contenido glorifique al Señor Jesucristo y promueva principios bíblicos.

PROVERBIOS PARA NECIOS
Publicado por Editorial Vida. 2024
Nashville, Tennessee

© 2024 José Alberto Mendoza Sidia
Este título también está disponible en formato electrónico.

Diseño en español: *Deditorial*

ISBN: 978-0-82978-270-7
eBook: 978-0-82977-275-3
Audio: 978-0-82977-276-0

La información sobre la clasificación de la Biblioteca del Congreso está disponible previa solicitud.

CATEGORÍA: Religión / Vida Cristiana / Crecimiento espiritual

IMPRESO EN ESTADOS UNIDOS DE AMÉRICA
PRINTED IN THE UNITED STATES OF AMERICA

24 25 26 27 28 LBC 5 4 3 2 1

Dedicatoria

Para Erika y Adriana
Esperando que estén viendo en mí a un
hombre que anhela vivir con sabiduría.

Contenido

Introducción

Existen dos preguntas que queremos responder porque aparecen como un enigma muy común en la humanidad:

Muchos hombres proclaman su propia lealtad,
Pero un hombre digno de confianza, *¿quién lo hallará?*
  (20:6, énfasis añadido)

Mujer hacendosa, *¿quién la hallará?*
Su valor supera en mucho al de las joyas (31:10, énfasis
  añadido)

La dificultad de encontrar a este hombre y esta mujer radica en que el ser humano, de manera natural, no viene con las características que lo puede convertir en un individuo de verdad y diligente. Lo que existe entre los hombres es mucha pretensión y autoalabanza, pero poca sustancia por la falta de sabiduría y de un carácter probado, así como también por la poca fortaleza que solo se produce cuando se enfrenta a circunstancias reales y las vence. Una gran mayoría parece vivir en una superficialidad que podría resumirse en la procura de bienes materiales y de hacer valer algunos aspectos externos de orden personal y físico, pero no en el desarrollo de una vida sabia y la fortaleza de carácter que solo hombres y mujeres de Dios pueden alcanzar.

El propósito del Libro de Proverbios es que podamos formar en nosotros a ese «hombre de verdad» y a esa «mujer virtuosa». Pero esa búsqueda no puede ser exterior, sino interior. La búsqueda y el trabajo decidido y diligente, mediante lo cual aceptamos nuestras deficiencias y nos sometemos a la obra de Dios, nos llevará a convertirnos en los hombres y mujeres sabios que el Señor espera que seamos.

Los proverbios se adjudican básicamente a Salomón, pero él pudo ser autor de algunos y recopilador de muchos otros. Algunas secciones son directamente atribuidas a otros como Agur y los consejos de su madre al rey Lemuel (30 y 31). Estos personajes nos son completamente desconocidos. Algunos otros son referidos a los «sabios» (22:17; 24:23) y aun otros se atribuyen a Salomón, aunque son recopilados por Ezequías unos 250 años después de Salomón (25:1).

No se puede establecer una fecha exacta para la redacción de los proverbios. Salomón vivió alrededor del 971 a. C., por lo que un buen punto de partida podría ser darles a los proverbios una antigüedad de varios miles de años. Sin embargo, a pesar del larguísimo tiempo transcurrido, los proverbios siguen resonando en nosotros, porque son instrucciones de sabiduría para una vida buena que, esencialmente, no ha cambiado con el paso del tiempo.

Los proverbios, entonces, vienen a ser la recolección de una serie de diversos dichos y enseñanzas cortas que expresan de manera práctica y directa la forma en que un hombre o una mujer de Dios deben conducirse en el mundo. Los proverbios no están directamente vinculados a los israelitas ni a la nación de Israel, sino a todo aquel que esté buscando sabiduría.[1] Sin embargo, esta no es una sabiduría secular *per se*. Por el contrario, como dice Clements: «Para los autores de los dichos de Proverbios 2:5-8; 3:7, 11, 12, 26; 23:27; 24:21; 28:5; 14; 31:30, la idea de piedad expresada en la frase "el temor del Señor" ha venido a ser la primera sanción para toda buena conducta y para el amor a todos los preceptos de sabiduría».[2] El temor del Señor, entonces, representa la base sobre la cual se establece todo el sistema de vida de una persona sabia, tanto en sus valores morales como en su conducta evidenciada por sus hechos privados y públicos.

En su forma gramatical, los proverbios están formados principalmente por declaraciones breves e incisivas que pueden usarse con gran efectividad en la comunicación de verdades relacionadas con la conducta, la moral y la espiritualidad. Tienen como objetivo inculcar ciertos principios de conducta por medio del contraste y la asociación entre varios aspectos de la vida cotidiana. Sin embargo, su lugar indudable en la Biblia indica que la sabiduría constituye una revelación del plan divino ordenado en el universo y en la vida humana, por lo que no es solo una acumulación de observaciones inteligentes sobre la vida.

La mayor característica del Libro de Proverbios es su profunda pertinencia y actualidad. David Atkinson dice:

Por un lado, a pesar de los siglos que nos separan de los autores de esos dichos, las incambiables continuidades de la existencia humana permanecen: hacer amigos, hacerle frente a la sexualidad, administrar el dinero, responder a la pobreza, ganarse la vida, aprender de la pérdida, batallar en las dificultades, enfrentar la muerte y así sucesivamente. Esos son los constantes temas humanos y Proverbios los toca todos. La sabiduría tiene que ver con ayudar a las personas a enfrentar la vida; con ver las cosas de una manera fresca que nos brinde nuevos recursos para vivir; y con trabajar lo que significa vivir para Dios en medio de las cosas ordinarias de la cotidianidad.[3]

Los proverbios no son promesas, son situaciones de la vida que debemos considerar en nuestro andar diario y que nos ilustran las consecuencias prácticas de nuestros actos. La intención no es crear un dogma, sino entrenar a la persona, formar el carácter, mostrar la realidad de la vida y las mejores maneras para enfrentarla. La vida moral y la intelectual son inseparables en cuanto al temor de Dios (28:4-7). El proverbio no es un código de conducta, sino una descripción sabia de las consecuencias positivas y negativas de nuestros actos (3:27-31). Algunos le han llamado el «Arte de la vida buena».[4] La ignorancia tiene una dimensión ética y el conocer produce una responsabilidad moral (12:26; 13:18).

Hay algunas preguntas que nos deberíamos hacer cuando leemos los proverbios: ¿en qué lado de la vida estoy? Cada vez que leemos un proverbio nos damos cuenta de que se trata de una invitación directa, no en una escala de grises, sino en blanco y negro de lo que el Señor espera de nosotros con respecto a la vida, que actuemos con sabiduría o necedad, con luz u oscuridad, bondad o maldad. El proverbio nos permite descubrir la realidad de nuestra vida, por lo que nos preguntamos: «¿En qué parte de la vida buena estoy? ¿Qué decisiones debo tomar para ser sabio o mantenerme como necio?».

La sabiduría se entiende como la orientación de la vida práctica en consonancia con la fe aplicada en cada una de las situaciones de nuestra cotidianidad. Vivir de manera sabia aseguraría una vida dichosa, digna de ser vivida. Es en parte fruto de la experiencia, pero nace y se fundamenta en una profunda investigación de la revelación de Dios. Se cultiva, pero también es un regalo de Dios. La necedad, en contraposición, es una abierta indisposición a lo que Dios ha establecido. No es ignorancia, es mera insensatez y terquedad que lleva a una vida fragmentada, infructuosa y dolorosa. La necedad es innata en nuestro corazón, mientras que la sabiduría se busca y requiere de una intención personal por cambiar para llevar una vida buena.

Proverbios para necios no es una obra exhaustiva del Libro de Proverbios. Son, más bien, reflexiones particulares tomadas de la lectura de cada capítulo del libro. Tengo que reconocer a Jairo Namnún como la persona a la que se le ocurrió esta serie y quien tenía el título en mente. Fue tal mi entusiasmo con el proyecto, que Jairo me lo cedió muy generosamente. Estas reflexiones fueron publicadas primeramente en la página de «Coalición por el Evangelio», de forma semanal y mi amigo Josué Barrios las editó. Los temas son diversos y buscan establecer el contraste entre una vida necia y otra sabia. La invitación es a leer el capítulo de Proverbios que aparece primeramente y luego leer la reflexión que surge de tal lectura. Hay una enorme riqueza de sabiduría en los proverbios para nuestras vidas y circunstancias particulares que no podemos dejar de lado. Escuchemos la voz milenaria del maestro de sabiduría y sigamos su consejo...

Inclina tu oído y oye las palabras de los sabios,
Y aplica tu corazón a mi conocimiento;
Porque te será agradable si las guardas dentro de ti,
Para que estén listas en tus labios.
Para que tu confianza esté en el Señor,
Te he instruido hoy a ti también.

(Proverbios 22:17-19)
Pepe Mendoza
Lima, Perú
(2024)

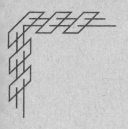
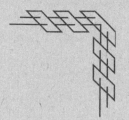

PROVERBIOS
PARA NECIOS

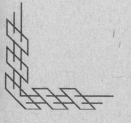
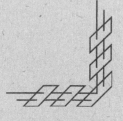

PROVERBIOS 1

¹ Los proverbios de Salomón, hijo de David, rey de Israel:

² Para aprender sabiduría e instrucción,
Para discernir dichos profundos,
³ Para recibir instrucción en sabia conducta,
Justicia, juicio y equidad;
⁴ Para dar a los simples prudencia,
Y a los jóvenes conocimiento y discreción.
⁵ El sabio oirá y crecerá en conocimiento,
Y el inteligente adquirirá habilidad,
⁶ Para entender proverbio y metáfora,
Las palabras de los sabios y sus enigmas.

⁷ El temor del Señor es el principio de la sabiduría;
Los necios desprecian la sabiduría y la instrucción.

Peligro de las malas compañías

⁸ Oye, hijo mío, la instrucción de tu padre
Y no abandones la enseñanza de tu madre;
⁹ Porque son guirnalda de gracia para tu cabeza,
Y collares para tu cuello.
¹⁰ Hijo mío, si los pecadores te quieren seducir,
No consientas.
¹¹ Si dicen: «Ven con nosotros,
Pongámonos al acecho para derramar sangre,
Sin causa asechemos al inocente,

¹² Devorémoslos vivos como el Seol,
   Enteros, como los que descienden al abismo;
¹³ Hallaremos toda clase de preciadas riquezas,
   Llenaremos nuestras casas de botín;
¹⁴ Echa tu suerte con nosotros,
   Todos tendremos una bolsa»,
¹⁵ Hijo mío, no andes en el camino con ellos.
   Aparta tu pie de su senda,
¹⁶ Porque sus pies corren hacia el mal,
   Y se apresuran a derramar sangre.
¹⁷ Porque es en vano tender la red
   Ante los ojos de cualquier ave;
¹⁸ Pero ellos a su propia sangre asechan,
   Tienden lazo a sus propias vidas.
¹⁹ Tales son los caminos de todo el que se beneficia por la
      violencia:
   Que quita la vida de sus poseedores.

Habla la sabiduría

²⁰ La sabiduría clama en la calle,
   En las plazas alza su voz;
²¹ Clama en las esquinas de las calles concurridas;
   A la entrada de las puertas de la ciudad pronuncia sus
      discursos:
²² «¿Hasta cuándo, oh simples, amarán la simpleza,
   Y los burladores se deleitarán en hacer burla,
   Y los necios aborrecerán el conocimiento?
²³ Vuélvanse a mi reprensión,
   Y derramaré mi espíritu sobre ustedes;
   Les haré conocer mis palabras.
²⁴ Porque he llamado y han rehusado oír,
   He extendido mi mano y nadie ha hecho caso.

²⁵ Han desatendido todo consejo mío
Y no han deseado mi reprensión.

²⁶ También yo me reiré de la calamidad de ustedes,
Me burlaré cuando sobrevenga lo que temen,

²⁷ Cuando venga como tormenta lo que temen
Y su calamidad sobrevenga como torbellino,
Cuando vengan sobre ustedes tribulación y angustia.

²⁸ Entonces me invocarán, pero no responderé;
Me buscarán con diligencia, pero no me hallarán,

²⁹ Porque odiaron el conocimiento,
Y no escogieron el temor del S<small>EÑOR</small>,

³⁰ Ni quisieron aceptar mi consejo,
Y despreciaron toda mi reprensión.

³¹ Comerán del fruto de su conducta,
Y de sus propias artimañas se hartarán.

³² Porque el desvío de los simples los matará,
Y la complacencia de los necios los destruirá.

³³ Pero el que me escucha vivirá seguro,
Y descansará, sin temor al mal».

Desvío y complacencia

Porque el desvío de los simples los matará,
Y la complacencia de los necios los destruirá.

(1:32)

Tiene solo veintiún años, pero ha experimentado demasiado dolor. A los quince huyó de su casa en Londres para unirse al Estado Islámico y convertirse en la esposa de un combatiente. Ella se presentaba dura y decía aprobar las atrocidades que se cometían a su alrededor. Ella llegó a tener tres hijos, aunque todos murieron por enfermedad y desnutrición debido a las terribles condiciones de vida que les tocó vivir. Hoy está detenida en una prisión en Siria. La corte suprema inglesa le quitó la ciudadanía y le negó el reingreso a Inglaterra por razones de seguridad en el año 2021.

Esta joven dice estar arrepentida y desea volver a Inglaterra. Ha señalado que sus actos fueron errores infantiles de una adolescente, que solo quería sentirse parte de sus amistades que estaban tomando la misma decisión y no quería quedarse atrás. Ella tomó ese camino porque, según sus propias palabras, era «joven e ingenua».

Hay dos elementos que se presentan como promotores y evidencia de la necedad en Proverbios: la simpleza y la complacencia. La *simpleza* o ingenuidad puede entenderse como la sencillez de alguien incauto que no se ha preparado para caminar por la vida con cautela y sabiduría. Proverbios no considera la simpleza como una virtud positiva, sino como una manifestación negativa de ignorancia, falta de entendimiento y negligencia que debe subsanarse a la brevedad.

En consecuencia, somos necios cuando alimentamos la simpleza en lugar de erradicarla de nuestras vidas. Tendemos a alimentar nuestra mente con porciones incompletas y demasiado pequeñas de supuesta sabiduría que solo terminan confirmando nuestra simpleza y no confrontan nuestra ignorancia. No estamos dispuestos a aprender e investigar más allá de nuestros supuestos y menos confrontar nuestras creencias al profundizar en nuestra búsqueda de conocimiento.

¿Cuál es el resultado de tamaña e ingenua necedad? Shamima nos muestra que sus decisiones inmaduras no fueron inocuas. Como dice el proverbio, la simpleza nos hace creer que nuestro camino, cualquiera que sea, mientras sea nuestro, será el mejor y el más adecuado, pero en realidad puede convertirse un desvío peligroso que lleva a la muerte. Solo podremos vencer la simpleza cuando nos decidimos a aprender y buscamos crecer y salir de nuestro metro cuadrado de ingenuidad personal. Esa actitud involucra aceptar que no hemos inventado la rueda y que realmente necesitamos de otros para aprender de ellos, a través de ellos y con ellos.

También somos necios cuando alimentamos una *complacencia* absoluta y simplista en vez de erradicarla de nuestras vidas. Si hay algo que caracteriza a nuestra generación —en cualquier edad— es la búsqueda irrestricta de satisfacción y placer a cualquier precio las veinticuatro horas del día. Solo queremos ser alabados, nunca cuestionados, solo celebrados con *likes* y demostraciones públicas de que somos únicos e importantes. Hemos olvidado que la vida no es color de rosa y requiere de la fortaleza de nuestro interior para poder nadar contracorriente, vencer la adversidad, hacer valer nuestros principios y enfrentar el viento en contra. Sin embargo, preferimos ponernos quietos boca arriba, de cara al sol con los ojos cerrados y dejarnos llevar sin mayor resistencia por las corrientes más populares de este mundo.

Tanto la simpleza como la complacencia pueden demostrarnos que carecemos de la capacidad de luchar y sudar por alcanzar una sabiduría que nos fortalecerá para tomar decisiones correctas. No solo dejarnos llevar por los demás, como lo hizo la joven de nuestra historia. La simpleza produce muerte y la complacencia necia genera destrucción, eso es seguro.

Sin embargo, podemos dejar la necedad y buscar la sabiduría. Empecemos aceptando que la simpleza y la complacencia la tenemos por defecto en el corazón y de nacimiento. El evangelio anuncia que el Señor puede cambiar un corazón de piedra y sin vida en uno que lata por Él y viva para Él. Jesucristo es la sabiduría misma y nos dice: «Pero el que me escucha vivirá seguro, y descansará, sin temor al mal» (1:33).

PROVERBIOS 2

La sabiduría protege del mal

1 Hijo mío, si recibes mis palabras
   Y atesoras mis mandamientos dentro de ti,

2 Da oído a la sabiduría,
   Inclina tu corazón al entendimiento.

3 Porque si clamas a la inteligencia,
   Alza tu voz por entendimiento;

4 Si la buscas como a la plata,
   Y la procuras como a tesoros escondidos,

5 Entonces entenderás el temor del Señor
   Y descubrirás el conocimiento de Dios.

6 Porque el Señor da sabiduría,
   De Su boca vienen el conocimiento y la inteligencia.

7 Él reserva la prosperidad para los rectos
   Y es escudo para los que andan en integridad,

8 Guarda las sendas del juicio,
   Y preserva el camino de Sus santos.

9 Entonces discernirás justicia y juicio,
   Equidad y todo buen sendero.

10 Porque la sabiduría entrará en tu corazón,
   Y el conocimiento será grato a tu alma;

11 La discreción velará sobre ti,
   El entendimiento te protegerá,

12 Para librarte de la senda del mal,
   Del hombre que habla cosas perversas;

13 De los que dejan las sendas de rectitud,
Para andar por los caminos tenebrosos;

14 De los que se deleitan en hacer el mal
Y se regocijan en las perversidades del mal;

15 Cuyas sendas son torcidas,
Y se extravían en sus senderos.

16 La discreción te librará de la mujer extraña,
De la desconocida que lisonjea con sus palabras,

17 La cual deja al compañero de su juventud,
Y olvida el pacto de su Dios;

18 Porque su casa se inclina hacia la muerte,
Y sus senderos hacia los muertos.

19 Todos los que van a ella, no vuelven,
Ni alcanzan las sendas de la vida.

20 Por tanto, andarás en el camino de los buenos
Y guardarás las sendas de los justos.

21 Porque los rectos morarán en la tierra,
Y los íntegros permanecerán en ella;

22 Pero los impíos serán cortados de la tierra,
Y los malvados serán desarraigados de ella.

No más retazos de sabiduría

Da oído a la sabiduría,
Inclina tu corazón al entendimiento.

(2:2)

Internet llegó con la promesa de propagar el conocimiento sin límites hasta el último rincón de nuestro pequeño planeta azul. Recuerdo el entusiasmo que me produjeron los múltiples resultados que uno alcanzaba con solo poner una palabra o frase en uno de los nuevos buscadores de la famosa *web*. Acabo de poner la palabra «Jesús» en *Google* y me dice que obtuvo 230 millones de resultados en 0.65 segundos. ¿No es increíble?

Cuando empezaron a aparecer las redes sociales, lo primero que noté es que eran más familiares y sociales (como su nombre lo indica). Facilitaban las relaciones, me recordaban los cumpleaños de medio mundo y eran una oportunidad para vanagloriarme sutilmente de mis éxitos y de algunos aspectos mi vida. Lo que sí celebré fue la llegada de *Twitter* (hoy X) como un medio informativo básico que sí garantizaba el flujo de información relevante y en tiempo real. Lo que nunca imaginé fue el grado de contienda que armarían los comentarios a cada *tuit* y, menos aún, que muchos se conformarían con 180 caracteres para sentirse bien informados con respecto a temas complejos que, como mínimo, requerían la lectura concienzuda de un par de buenos libros para estar algo enterados enterados de un tema en particular.

Las promesas de un conocimiento sin límites y de difundir información en tiempo real están allí, pero no hemos sabido aprovecharlas. En lugar de ser desafiados por aprender cosas nuevas, hemos optado por escuchar todo aquello que «confirma» nuestro supuesto conocimiento y hemos creado una plataforma para proclamar a viva voz nuestra ignorancia. Escuchaba hace poco a un famoso científico mediático decir que conocemos tan poco de todo como para que nos sea útil, y lo que decimos saber es tan superficial que ni siquiera podríamos probar si es cierto o falso. Nos gusta opinar de todo, resolver todos los misterios y garantizar la mejor fórmula cuando nuestras palabras solo son viento y sonido, y cuando —en realidad— todas nuestras teorías solo pasarán la prueba de una conversación entusiasta durante una charla de café que pronto será olvidada hasta por nosotros mismos.

Lo anterior es la mejor definición de necedad. Es tan evidente esta insensatez pandémica que solo basta ver la definición de la Real Academia Española para comprobarla. Un necio es alguien «(1) Ignorante y que no sabe lo que podía o debía saber; (2) falto de inteligencia o de razón; (3) terco y porfiado en lo que hace o dice».

Lo bueno es que la necedad tiene cura. Empieza por reconocer con hidalguía tu ignorancia, tu tendencia a la superficialidad y a escuchar solo aquello que te agrada y que nunca pondrá a prueba lo que dices saber. Te repito que si te mantienes en tu zona de confort, solo darás vueltas en círculo y pronto tropezarás con tus propios argumentos débiles.

Por eso el maestro sabio insta a los candidatos a sabios a «dar oído» e «inclinar» el corazón a la sabiduría y al entendimiento. Estas frases son muy gráficas porque implican «entregar», «poner» o «acercar» el oído para captar con mayor claridad la frecuencia de la sabiduría. Además, nos dice que no basta solo con oír, también debemos inclinar el corazón, que en la Biblia representa la parte central y más profunda de nuestra voluntad y nuestro ser.

Quizás la mejor frase conocida que traduce la intención del proverbio sea «presta atención» o «afina» la voluntad y el oído a la sabiduría. Esta es una actitud total y profunda que nos demanda más de 180 caracteres, porque la sabiduría no se obtendrá solo al pasar o sin mayor compromiso.

Por ejemplo, podemos pasar por un salón de clases y oír de pasada una frase magistral de un profesor sabio. Quizás lo que dijo te lleve a pensar, pero nunca será suficiente porque lo que llegaste a escuchar solo representa una mínima fracción de todo lo que requieres aprender para ser realmente sabio. Bueno, oír de pasada frases magistrales es lo que más recibimos en la actualidad. Nunca prestamos atención a una clase completa, solo porciones inconexas y retazos de sabiduría que repetimos sin mayor entendimiento. Si queremos salir del círculo vicioso de la necedad debemos entregar nuestros oídos y mover toda nuestra voluntad para obtener toda la sabiduría que tanto necesitamos.

Exhortación a la sabiduría

1 Hijo mío, no te olvides de mi enseñanza,
   Y tu corazón guarde mis mandamientos,

2 Porque largura de días y años de vida
   Y paz te añadirán.

3 La misericordia y la verdad nunca se aparten de ti;
   Átalas a tu cuello,
   Escríbelas en la tabla de tu corazón.

4 Así hallarás favor y buena estimación
   Ante los ojos de Dios y de los hombres.

5 Confía en el Señor con todo tu corazón,
   Y no te apoyes en tu propio entendimiento.

6 Reconócelo en todos tus caminos,
   Y Él enderezará tus sendas.

7 No seas sabio a tus propios ojos;
   Teme al Señor y apártate del mal.

8 Será medicina para tu cuerpo
   Y alivio para tus huesos.

9 Honra al Señor con tus bienes
   Y con las primicias de todos tus frutos;

10 Entonces tus graneros se llenarán con abundancia
   Y tus lagares rebosarán de vino nuevo.

11 Hijo mío, no rechaces la disciplina del Señor
   Ni aborrezcas Su represión,

12 Porque el Señor ama a quien reprende,
   Como un padre al hijo en quien se deleita.

Beneficios de la sabiduría

13 Bienaventurado el hombre que halla sabiduría
   Y el hombre que adquiere entendimiento.

14 Porque su ganancia es mejor que la ganancia de la plata,
   Y sus utilidades mejor que el oro fino.

15 Es más preciosa que las joyas,
   Y nada de lo que deseas se compara con ella.

16 Larga vida hay en su mano derecha,
   En su mano izquierda, riquezas y honra.

17 Sus caminos son caminos agradables
   Y todas sus sendas, paz.

18 Es árbol de vida para los que echan mano de ella,
   Y felices son los que la abrazan.

19 Con sabiduría fundó el Señor la tierra,
   Con inteligencia estableció los cielos.

20 Con su conocimiento los abismos fueron divididos
   Y los cielos destilan rocío.

21 Hijo mío, no se aparten estas cosas de tus ojos;
   Guarda la prudencia y la discreción,

22 Y serán vida para tu alma
   Y adorno para tu cuello.

23 Entonces andarás con seguridad por tu camino,
   Y tu pie no tropezará.

24 Cuando te acuestes no tendrás temor,
   Sí, te acostarás y será dulce tu sueño.

25 No temerás el pavor repentino,
   Ni el ataque de los impíos cuando venga,

26 Porque el Señor será tu confianza,
   Y guardará tu pie de ser apresado.

27 No niegues el bien a quien se le debe,
   Cuando esté en tu mano el hacerlo.

²⁸ No digas a tu prójimo: «Ve y vuelve,
Y mañana te lo daré»,
Cuando lo tienes contigo.

²⁹ No trames el mal contra tu prójimo,
Mientras habite seguro a tu lado.

³⁰ No pelees con nadie sin motivo,
Si no te ha hecho daño.

³¹ No envidies al hombre violento,
Y no escojas ninguno de sus caminos.

³² Porque el hombre perverso es abominación para
el Señor;
Pero Él es amigo íntimo de los rectos.

³³ La maldición del Señor está sobre la casa del impío,
Pero Él bendice la morada del justo.

³⁴ Ciertamente Él se burla de los burladores,
Pero da gracia a los afligidos.

³⁵ El sabio heredará honra,
Pero los necios hacen resaltar su deshonra.

Dos factores inseparables para una vida sabia

La misericordia y la verdad
nunca se aparten de ti;
Átalas a tu cuello,
Escríbelas en la tabla de tu corazón.

(3:3)

La dicotomía extrema entre el amor y la verdad siempre será una de las grandes pruebas de la necedad humana. La separación que hacemos entre el amor (solo como un sentimiento) y la verdad (solo como mero razonamiento) inunda la cultura popular; por lo que su profunda oposición se ve reflejada una y otra vez en el arte, el cine y la música popular.

Tendemos a evaluar al amor y la verdad con diferentes medidas. Por ejemplo, la pregunta «¿cuánto me quieres?» nunca tendrá una respuesta satisfactoria y posiblemente recibirá el consabido y subjetivo «no me quieres lo suficiente». Por el contrario, la verdad requerirá de precisión y objetividad. Si preguntáramos: «¿Hiciste todo lo que te pedí que hicieras?», la respuesta «sí, pero no» o «sentí que lo hice todo» nunca será una que la verdad validaría como correcta, ¿no es cierto?

El problema es que también estamos viviendo un tiempo en el que el amor y la verdad se han mezclado hasta confundirse entre ellos. La mezcla de sentimiento y verdad prima en nuestros días. La verdad ahora depende de que la «sienta» como verdadera y lo que yo «siento» (por ser mío) tiene que ser verdad o, mejor dicho, es mi verdad.

Ubicar al amor y a la verdad en extremos opuestos o mezclar ambos términos hasta perder sus diferencias es necedad. Solo podremos alcanzar la sabiduría cuando entendamos que ambos términos son necesarios, íntimos y complementarios. Podríamos decir que el amor y la verdad son las dos caras de una misma moneda.

El maestro de sabiduría aconseja con absoluta claridad que la misericordia (el amor) y la verdad deben permanecer de manera visible tanto en el exterior (como los dijes de un collar), como en el interior (escritos de forma indeleble en el corazón) de nuestras vidas. Nuestros pensamientos y nuestras acciones deben regirse por estos dos elementos diferentes pero indisolubles.

La palabra que traducimos del hebreo como «misericordia» habla básicamente de un amor firme y minucioso que se expresa como ternura y consideración hacia los demás. Aunque la misericordia se entiende esencialmente como una actitud divina de compasión por los demás, su fuente es el amor.

La misericordia, al estar fundada en el amor de Dios, no es simplemente una reacción espontánea sentimental de bondad o atención, sino que se nutre de una observación objetiva de la realidad. No podría existir el amor ni la misericordia sin que la verdad no las alimente.

La palabra hebrea que se traduce como verdad implica firmeza, fidelidad, veracidad y confiabilidad. La verdad hebrea no solo involucra declaraciones correctas que se ajustan a la realidad, sino que también tiene que ver con un comportamiento veraz que se ajusta a lo que afirma, cumple lo que promete, actúa con justicia y sinceridad. Por eso, en la Biblia, verdad y fidelidad son sinónimos.

Veamos algunas características que no debemos perder de vista de esta unidad fundamental:

La verdad es la base sobre la cual se establece el amor. El amor nunca puede ofrecer algo que esté por debajo de la verdad porque sería engañoso y hasta dañino.

El amor siempre enriquecerá a la verdad. El amor permite que haya un deseo intenso por conocer al objeto amado. En medio de esa búsqueda, la verdad permitirá que ese amor pueda entregarse de manera efectiva y en base a la realidad.

La muerte de nuestro Señor Jesucristo justamente es la manifestación evidente de la misericordia y la verdad de Dios. Dios nos amó de tal manera que no podía pasar por alto la verdad de nuestra condición caída. Por lo tanto, envió a su Hijo como redentor para que su justicia fuera satisfecha y su amor se manifestara con verdad, de forma que recibiéramos el verdadero perdón de nuestros pecados. De otra manera, su amor sin verdad o su verdad sin amor no hubieran obrado en nuestra salvación.

Somos sabios cuando el amor y la verdad, como las dos caras de una misma moneda, nos ayudan a vivir en armonía. El amor nos permite estar juntos a pesar de nuestras diferencias e imperfecciones. La verdad nos ayuda a establecer el orden que facilite esa convivencia.

PROVERBIOS 4

Instrucciones de un padre

1 Oigan, hijos, la instrucción de un padre,
   Y presten atención para que ganen entendimiento,
2 Porque les doy buena enseñanza;
   No abandonen mi instrucción.
3 Cuando yo fui hijo para mi padre,
   Tierno y único a los ojos de mi madre,
4 Entonces él me enseñaba y me decía:
   «Retenga tu corazón mis palabras,
   Guarda mis mandamientos y vivirás.
5 Adquiere sabiduría, adquiere inteligencia;
   No te olvides ni te apartes de las palabras de mi boca.
6 No la abandones y ella velará sobre ti;
   Ámala y ella te protegerá.
7 Lo principal es la sabiduría; adquiere sabiduría,
   Y con todo lo que obtengas adquiere inteligencia.
8 Estímala, y ella te ensalzará;
   Ella te honrará si tú la abrazas;
9 Guirnalda de gracia pondrá en tu cabeza,
   Corona de hermosura te entregará».

10 Oye, hijo mío, recibe mis palabras,
   Y muchos serán los años de tu vida.
11 Por el camino de la sabiduría te he conducido,
   Por sendas de rectitud te he guiado.

12 Cuando andes, tus pasos no serán obstruidos,
Y si corres, no tropezarás.

13 Aférrate a la instrucción, no la sueltes;
Guárdala, porque ella es tu vida.

14 No entres en la senda de los impíos,
Ni vayas por el camino de los malvados.

15 Evítalo, no pases por él;
Apártate de él y sigue adelante.

16 Porque ellos no duermen a menos que hagan
lo malo,
Y pierden el sueño si no han hecho caer a alguien.

17 Porque comen pan de maldad,
Y beben vino de violencia.

18 Pero la senda de los justos es como la luz de la
aurora,
Que va aumentando en resplandor hasta que es
pleno día.

19 El camino de los impíos es como las tinieblas,
No saben en qué tropiezan.

20 Hijo mío, presta atención a mis palabras;
Inclina tu oído a mis razones.

21 Que no se aparten de tus ojos;
Guárdalas en medio de tu corazón.

22 Porque son vida para los que las hallan,
Y salud para todo su cuerpo.

23 Con toda diligencia guarda tu corazón,
Porque de él brotan los manantiales de la vida.

24 Aparta de ti la boca perversa
Y aleja de ti los labios falsos.

25 Miren tus ojos hacia adelante,
Y que tu mirada se fije en lo que está frente a ti.

26 Fíjate en el sendero de tus pies,
   Y todos tus caminos serán establecidos.
27 No te desvíes a la derecha ni a la izquierda;
   Aparta tu pie del mal.

Métete en tus asuntos

Aparta de ti la boca perversa
Y aleja de ti los labios falsos.
Miren tus ojos hacia adelante,
Y que tu mirada se fije en lo que está frente a ti.
Fíjate en el sendero de tus pies,
Y todos tus caminos serán establecidos.
No te desvíes a la derecha ni a la izquierda;
Aparta tu pie del mal.

(4:24-27)

Las redes sociales han provocado un doble apetito bastante curioso. Por un lado, se exacerba un hambre inmensa por saber hasta el más mínimo detalle de las vidas de los demás. Nos hemos acostumbrado a ser testigos virtuales de lo que la gente alrededor del mundo come, viste, visita, lee y hasta sufre en tiempo real. Siempre me sorprende que, por ejemplo, las cinco personas más seguidas en Instagram sean, en orden de seguidores, un futbolista, una cantante, un actor popular, una modelo empresaria y otra actriz cantante y empresaria. Juntos tienen la friolera de 1.550 millones de seguidores, es decir, un veinte por ciento de la población del mundo está preocupada por conocer al segundo los quehaceres mínimos y hasta triviales de esos personajes famosos. Lo interesante es que no solo seguimos al dedillo a un solo personaje, sino que cada cuenta personal puede seguir y estar interesado en la vida de muchísima gente en los cinco continentes.

Por otro lado, esa ansiedad por conocer se une a un hambre por difundir. Me sorprende ver cómo nos gusta ventilar virtualmente los asuntos más cotidianos de nuestras vidas, desde la torta de chocolate que nos comimos ayer, hasta lo cansados que estamos después de una reunión virtual. Me llama mucho la atención cuando se vuelven virales los llantos de alguien que hizo un *live* para que todo el mundo sepa el mal rato que ha pasado y reciba comentarios buenos y malos de personas que muy probablemente nunca conocerá. Ese apetito desordenado por ser visto, oído y apreciado por todo el que se nos cruce por los senderos virtuales es bastante problemático, por decir lo menos.

Este doble apetito por saber de los demás y que los demás sepan de nosotros puede fácilmente convertirse en necedad porque nos distrae de nuestra realidad cercana y la dirección eficiente de nuestras propias vidas. Consumir una gran cantidad de tiempo valioso envidiando (sí, es envidia) las vidas de personajes que nos son tan distantes y procurar aplicar *Photoshop* a los aspectos más rutinarios y domésticos de las nuestras para que parezcan interesantes a los desconocidos es también un golpe vitamínico al orgullo (sí, es vanagloria).

El sabio consejo de Proverbios es más que oportuno para todos aquellos que estamos sufriendo por un excesivo consumo de envidia/vanagloria virtual. El pasaje del encabezado es tan claro que solo bastaría volverlo a leer para darnos cuenta de su importancia y claridad práctica. Quizás podríamos parafrasearlo de la siguiente manera:

(1) Cuídate de lo que dices. Sé veraz con tus palabras;

(2) Deja de estar distraído mirando la vida de los demás y preocupándote por si la gente te mira o no. Presta atención a tu propio camino para que no te desvíes del propósito de Dios con tu vida;

(3) De tanto preocuparte por la vida de los demás y tratar de impactar a otros con los detalles de la tuya, te has olvidado de hacer derecho y firme tu propio camino. Concéntrate en tu vida y en tu propio andar, que es la única existencia que tienes;

(4) Desviarse es fácil cuando estás distraído, desviarse es aun más fácil cuando estás siguiendo sin pensar a los desconocidos que tienes por delante, procura apartar tus pies del mal y sé sabio.

Vivimos en el tiempo de la generación distraída. Esa clase de distracción solo favorece la necedad. Por eso, concéntrate en tus asuntos, fructifica en tu propia vida y no permitas que una existencia virtual te haga invisible e inútil en la vida real.

PROVERBIOS 5

Advertencias sobre la mujer extraña

1 Hijo mío, presta atención a mi sabiduría,
 Inclina tu oído a mi prudencia,
2 Para que guardes la discreción
 Y tus labios conserven el conocimiento.
3 Porque los labios de la extraña destilan miel,
 Y su lengua es más suave que el aceite;
4 Pero al final es amarga como el ajenjo,
 Aguda como espada de dos filos.
5 Sus pies descienden a la muerte,
 Sus pasos solo logran el Seol.
6 No considera la senda de la vida;
 Sus senderos son inestables, y no lo sabe.

7 Ahora pues, hijos míos, escúchenme,
 Y no se aparten de las palabras de mi boca.
8 Aleja de la extraña tu camino,
 Y no te acerques a la puerta de su casa;
9 No sea que des tu vigor a otros
 Y tus años al cruel;
10 No sea que se sacien los extraños de tus bienes
 Y tu esfuerzo vaya a casa del extranjero;
11 Y al final te lamentes,
 Cuando tu carne y tu cuerpo se hayan
  consumido,

¹² Y digas: «¡Cómo he aborrecido la instrucción,
Y mi corazón ha despreciado la corrección!
¹³ No he escuchado la voz de mis maestros,
Ni he inclinado mi oído a mis instructores.
¹⁴ He estado a punto de completa ruina
En medio de la asamblea y la congregación».

¹⁵ Bebe agua de tu cisterna
Y agua fresca de tu pozo.
¹⁶ ¿Se derramarán por fuera tus manantiales,
Tus arroyos de aguas por las calles?
¹⁷ Sean para ti solo,
Y no para los extraños contigo.
¹⁸ Sea bendita tu fuente,
Y regocíjate con la mujer de tu juventud,
¹⁹ Amante cierva y graciosa gacela;
Que sus senos te satisfagan en todo tiempo,
Su amor te embriague para siempre.
²⁰ ¿Por qué has de embriagarte, hijo mío, con una extraña,
Y abrazar el seno de una desconocida?
²¹ Pues los caminos del hombre están delante de los ojos
del Señor,
Y Él observa todos sus senderos.
²² De sus propias iniquidades será presa el impío,
Y en los lazos de su pecado quedará atrapado.
²³ Morirá por falta de instrucción,
Y por su mucha necedad perecerá.

¡Sí, yo sé...!

Y digas: «¡Cómo he aborrecido la instrucción,
Y mi corazón ha despreciado la corrección!
No he escuchado la voz de mis maestros,
Ni he inclinado mi oído a mis instructores.
He estado a punto de completa ruina
En medio de la asamblea y la congregación».

(5:12-14)

El maestro de sabiduría enfoca todo este capítulo a enseñar sobre el daño que una «extraña» puede causar en la vida de una persona. Definiremos al «extraño» como alguien de quien se desconoce su origen, principios o intereses, pero que se entromete íntimamente en la vida de uno prometiendo lo que luego no cumplirá, para que al final solo quede extravío, perjuicio y dolor. La exhortación es a evitar a los extraños y sus cantos de sirenas que entumecen y tuercen tu voluntad y, por el contrario, luchar por mantenerte firme con la persona que se ha dado a conocer, que tú puedes decir con sinceridad que conoces bien y con la que has establecido un compromiso prolongado de fidelidad y conocimiento mutuo.

Quisiera enfocar esta reflexión en las excusas que el maestro de sabiduría encuentra entre aquellos que han sucumbido a las voces atractivas de extraños y extrañas. No hay nada más triste que encontrarte con un candidato a necio quien, al verse expuesto al error, es incapaz de reconocer con valentía y honradez sus propias faltas y solo intenta articular frases justificadoras sin mucho sentido y poca validez. Siempre me ha sorprendido escucharlos decir: «Sí, yo sé, pero...», lo que para mí es como dispararse uno mismo en los pies afirmando que sabía lo que hacía y el daño que podía causarse, pero igual lo hizo por terquedad y ahora enfrenta consecuencias nefastas que no termina de aceptar por completo.

El párrafo del encabezado nos habla de un necio que reacciona ante la sabiduría y se da cuenta de varios aspectos que lo llevan a salir de su propia necedad. Apliquemos lo que aprendió a nuestras propias vidas. En primer lugar, para salir de tu propia necedad y sus consecuencias debes reconocer que «sabías», pero que «aborreciste» la instrucción y habías «despreciado» o «tenido en menos» la corrección. Tu lucha por alcanzar la sabiduría no es solo intelectual, también es anímica. Somos propensos al mal y nos atrae más de lo que quisiéramos reconocerlo, pero aceptar que nos cautiva y que no nos gusta ser corregidos es el primer paso para escapar de la necedad.

En segundo lugar, para salir de tu propia necedad también es necesario dejar de sentirte como una víctima solitaria que está padeciendo porque aparentemente no hubo nadie que te guiara. Por el contrario, el necio que ha despertado a la sabiduría reconoce que nunca ha estado solo, que en realidad hubo «maestros» e «instructores» a los que no quiso oír ni prestar atención mientras estaba ensimismado en el mal tan atractivo y destructor. Aceptar que siempre habrá voces instructivas a tu alrededor a las que debiste prestar atención en su debido momento es otro paso más para aceptar tu propia responsabilidad y poder pasar de la necedad a la sabiduría.

Por último, para librarnos del necio que dice: «Sí, yo sé, pero...», es importante saber que el Dios de misericordias y lleno de gracia es el Señor de las nuevas oportunidades. El exnecio afirma: «He estado a punto de caer en completa ruina», pero fue despertado por el Señor antes de que lo perdiera todo. Si en este momento no todo está perdido para ti y estás abriendo los ojos a tu propia necedad, y a la posibilidad de enmendar el camino, es porque Jesucristo «ha venido a buscar y a salvar lo que se había perdido» (Lucas 19:10).

Advertencias al fiador y al perezoso

1 Hijo mío, si has salido fiador por tu prójimo,
   Si has dado promesa a un extraño,
2 Si te has enredado con las palabras de tu boca,
   Si con las palabras de tu boca has sido atrapado,
3 Haz esto ahora, hijo mío, y líbrate,
   Ya que has caído en la mano de tu prójimo:
   Ve, humíllate e importuna a tu prójimo.
4 No des sueño a tus ojos
   Ni adormecimiento a tus párpados;
5 Líbrate como la gacela de la mano del cazador
   Y como ave de la mano del que caza.

6 Ve, mira la hormiga, perezoso,
   Observa sus caminos, y sé sabio.
7 La cual sin tener jefe,
   Ni oficial ni señor,
8 Prepara en el verano su alimento
   Y recoge en la cosecha su sustento.
9 ¿Hasta cuándo, perezoso, estarás acostado?
   ¿Cuándo te levantarás de tu sueño?
10 «Un poco de dormir, un poco de dormitar,
   Un poco de cruzar las manos para descansar»,
11 Y vendrá tu pobreza como vagabundo,
   Y tu necesidad como un hombre armado.

12 La persona indigna, el hombre malvado,
   Es el que anda con boca perversa,
13 El que guiña los ojos, el que hace señas con los pies,
   El que señala con los dedos,
14 El que con perversidad en su corazón, continuamente
      trama el mal,
   El que siembra discordia.
15 Por tanto, su desgracia vendrá de repente;
   Al instante será quebrantado, y no habrá remedio.

Las siete abominaciones

16 Seis cosas hay que el Señor odia,
   Y siete son abominación para Él:
17 Ojos soberbios, lengua mentirosa,
   Manos que derraman sangre inocente,
18 Un corazón que trama planes perversos,
   Pies que corren rápidamente hacia el mal,
19 Un testigo falso que dice mentiras,
   Y el que siembra discordia entre hermanos.

Advertencia contra el adulterio

20 Hijo mío, guarda el mandamiento de tu padre
   Y no abandones la enseñanza de tu madre;
21 Átalos de continuo en tu corazón,
   Enlázalos a tu cuello.
22 Cuando andes, te guiarán;
   Cuando duermas, velarán por ti;
   Al despertarte, hablarán contigo.
23 Porque el mandamiento es lámpara, y la enseñanza luz,
   Y camino de vida las represiones de la instrucción,
24 Para librarte de la mujer mala,
   De la lengua suave de la desconocida.

²⁵ No codicies su hermosura en tu corazón,
Ni dejes que te cautive con sus párpados.

²⁶ Porque por causa de una ramera uno es reducido a un
    pedazo de pan,
Pero la adúltera anda a la caza de la vida preciosa.

²⁷ ¿Puede un hombre poner fuego en su seno
Sin que arda su ropa?

²⁸ ¿O puede caminar un hombre sobre carbones
    encendidos
Sin que se quemen sus pies?

²⁹ Así es el que se llega a la mujer de su prójimo;
Cualquiera que la toque no quedará sin castigo.

³⁰ No se desprecia al ladrón si roba
Para saciarse cuando tiene hambre;

³¹ Pero cuando es sorprendido, debe pagar siete veces;
Tiene que dar todos los bienes de su casa.

³² El que comete adulterio no tiene entendimiento;
El que lo hace destruye su alma.

³³ Heridas y vergüenza hallará,
Y su afrenta no se borrará.

³⁴ Porque los celos enfurecen al hombre,
Y no perdonará en el día de la venganza.

³⁵ No aceptará ningún rescate,
Ni se dará por satisfecho aunque le des muchos
    presentes.

No seas así...

Seis cosas hay que el Señor odia,
Y siete son abominación para Él:
Ojos soberbios, lengua mentirosa,
Manos que derraman sangre inocente,
Un corazón que trama planes perversos,
Pies que corren rápidamente hacia el mal,
Un testigo falso que dice mentiras,
Y el que siembra discordia entre hermanos.

(6:16-19)

Durante mi niñez participé por algún tiempo en los Boy Scouts. La verdad es que lo hice por curiosidad, otros amigos lo eran y me gustaba eso de usar el uniforme y de tener algunas aventuras diferentes los fines de semana.

Mi tiempo con ellos fue breve pero intenso. Aprendí muchas cosas que me han servido hasta hoy y también podría decir que me inculcaron un compromiso firme por el servicio a los demás. La imagen medio caricaturesca de Russell, el niño scout que no se rendía en su deseo de servir al solitario anciano Carl Fredicksen en la película *Up*, es una demostración de ese espíritu inclinado con fuerza a hacer buenas obras en favor de los demás.

Los humanos no nos distinguimos por ese ideal de servicio. La necedad natural se caracteriza por una carencia casi absoluta de ese espíritu desinteresado de servicio a los que nos rodean. El necio vive para sí mismo y todo lo que haga será exclusivamente para su propio bienestar. Es incapaz de ver algún valor en los demás y menos que sean dignos de algún tipo de esfuerzo mínimo por su parte.

Lo peor de todo es que esta indiferencia necia está arraigada en lo más profundo de nuestros corazones desde los días en que Adán y Eva despreciaron la bondad de Dios al entregarles todo un hermoso planeta a su disposición y quisieron aún más, ¡ser como Dios mismo! Por eso decimos que la necedad es también egoísmo altivo e indiferencia activa en contra de los demás.

Si sabemos que la indiferencia y el egoísmo en contra de los demás son nuestra marca de fábrica, entonces ser sabios es justamente buscar todo lo contrario. El maestro de sabiduría se encarga de mostrar con absoluta claridad lo que nuestro Dios aborrece para que nos esforcemos (sí, que nos esforcemos) en erradicarlo para actuar como verdaderos sabios y llevar una vida buena. De seguro habrás notado que el proverbista establece partes del cuerpo humano para ilustrar las acciones odiadas por Dios. Por lo tanto, si quieres ser sabio, procura todo lo contrario a lo que nuestra necedad natural intenta hacer con lo que Dios le ha regalado:

(1) *Ojos soberbios:* No mires ni consideres a los demás con desprecio ni con una sensación de superioridad.

(2) *Lengua mentirosa:* Las personas que te rodean deben escuchar de tus labios solo la verdad, no engaños esclavizantes.

(3) *Manos que derraman sangre inocente:* Valora la vida humana y procura su bienestar.

(4) *Un corazón que trama planes perversos:* Tus intenciones y los propósitos de tu corazón deben ser deliberadamente orientados al bien del prójimo.

(5) *Pies que corren rápidamente hacia el mal:* Apresúrate en hacer el bien y buscar la voluntad de Dios.

(6) *Un testigo falso que dice mentiras:* Debes ser conocido por tu veracidad y tu fidelidad.

(7) *El que siembra discordia entre hermanos:* Procura la paz y la unidad en tu comunidad.

Pedro nos demuestra que todas estas características opuestas a lo que Dios aborrece las vio con creces en nuestro Señor Jesucristo. Al igual que el maestro de sabiduría, el apóstol nos insta a evitar la necedad y procurar la sabiduría siguiendo ese ejemplo magnífico:

Porque para este propósito han sido llamados, pues también Cristo sufrió por ustedes, dejándoles ejemplo para que sigan Sus pasos, EL CUAL NO COMETIÓ PECADO, NI ENGAÑO ALGUNO SE HALLÓ EN SU BOCA; y quien cuando lo ultrajaban no respondía ultrajando. Cuando padecía, no amenazaba, sino que se encomendaba a Aquel que juzga con justicia. (1 Pedro 2:21-23)

Puedo terminar diciéndote simplemente: «No seas así como eres, sé sabio como Jesucristo, que murió para que vivas y cuyas heridas fueron sanidad para ti». Deja la necedad que el Señor aborrece, sigue el ejemplo de Jesucristo y procura ser sabio con todo tu ser y en todas las áreas de tu vida.

PROVERBIOS 7

Artimañas de la ramera

1 Hijo mío, guarda mis palabras
   Y atesora mis mandamientos contigo.
2 Guarda mis mandamientos y vivirás,
   Y mi enseñanza como la niña de tus ojos.
3 Átalos a tus dedos,
   Escríbelos en la tabla de tu corazón.
4 Di a la sabiduría: «Tú eres mi hermana»,
   Y llama a la inteligencia tu mejor amiga,
5 Para que te guarden de la mujer extraña,
   De la desconocida que lisonjea con sus palabras.

6 Porque desde la ventana de mi casa
   Miraba por la celosía,
7 Y vi entre los simples,
   Distinguí entre los muchachos
   A un joven falto de juicio,
8 Pasando por la calle, cerca de su esquina;
   Iba camino de su casa,
9 Al atardecer, al anochecer,
   En medio de la noche y la oscuridad.
10 Entonces una mujer le sale al encuentro,
   Vestida como ramera y astuta de corazón.
11 Es alborotadora y rebelde,
   Sus pies no permanecen en casa;

¹² Está ya en las calles, ya en las plazas,
Y acecha por todas las esquinas.

¹³ Así que ella lo agarra y lo besa,
Y descarada le dice:

¹⁴ «Tenía que ofrecer ofrendas de paz,
Y hoy he cumplido mis votos;

¹⁵ Por eso he salido a encontrarte,
Buscando tu rostro con ansiedad, y te he
hallado.

¹⁶ He tendido mi lecho con colchas,
Con linos de Egipto en colores.

¹⁷ He rociado mi cama
Con mirra, áloes y canela.

¹⁸ Ven, embriaguémonos de amor hasta la mañana,
Deleitémonos con caricias.

¹⁹ Porque mi marido no está en casa,
Se ha ido a un largo viaje;

²⁰ Se ha llevado en la mano la bolsa del dinero,
Volverá a casa para la luna llena».

²¹ Con sus palabras persuasivas lo atrae,
Lo seduce con sus labios lisonjeros.

²² Al instante la sigue
Como va el buey al matadero,
O como uno en grillos al castigo de un necio,

²³ Hasta que una flecha le tráspasa el hígado;
Como el ave que se precipita en la trampa,
Y no sabe que esto le costará la vida.

²⁴ Ahora pues, hijos míos, escúchenme,
Y presten atención a las palabras de mi boca.

²⁵ No se desvíe tu corazón hacia sus caminos,
No te extravíes en sus sendas.

[26] Porque muchas son las víctimas derribadas
    por ella,
Y numerosos los que ha matado.
[27] Su casa es el camino al Seol,
Que desciende a las cámaras de la muerte.

Dime con quién andas...

Di a la sabiduría: «Tú eres mi hermana»,
Y llama a la inteligencia tu mejor amiga.

(7:4)

La influencia que ejercen los amigos sobre tu conducta y aun sobre tu futuro está comprobada hasta la saciedad. Muchos caminos individuales han tomado una dirección diferente producto de las personas que encontraron en el trayecto y que influyeron tanto positiva como negativamente en el rumbo de sus vidas. No hay duda, por ejemplo, de que la amistad entre Frodo Baggins y Samwise Gamgee les permitió sortear los peligros del camino y culminar su misión con éxito. No pasó lo mismo con Saruman, que dejó su amistad con Gandalf para seguir el mal y la oscuridad. Bueno, para los que no saben, me estoy refiriendo a algunos de los personajes del famoso *El señor de los anillos*, de J. R. R. Tolkien.

El capítulo siete de Proverbios busca, justamente, aconsejar sobre los peligros de toda tentación (en este caso sexual) que acecha mientras vamos distraídos y confiados por las sendas de la vida. El proverbista relata la historia de un joven que va, un día rutinario cualquiera, camino a su casa al anochecer. Él se encuentra con una mujer seductora que lo detiene y con descaro lo tienta a ir tras ella. El hombre parece que no lo piensa dos veces y «al instante le sigue como va el buey al matadero [...] Y no sabe que esto le costará la vida» (vv. 22-23c).

Hay dos aspectos de esta historia que son muy importantes. En primer lugar, el proverbista describe a este muchacho como uno «entre los simples [...] un joven falto de juicio» (v. 7b). Tanto la «simpleza» como la «falta de juicio» son sinónimos de necedad. La Biblia entiende la simpleza como una característica natural de un joven inexperto, pero la condena cuando ese hombre o mujer no han procurado crecer en sabiduría por terquedad, descuido u ociosidad. También se señala que carece de juicio, es decir, tiene falta de criterio, entendimiento o sentido común. Lo cierto es que uno no nace con criterio o sentido común. Por el contrario, estamos hablando de cualidades que se buscan desarrollar con ahínco porque son necesarias para la supervivencia en medio de los peligros de la vida en este mundo imperfecto y oscuro.

El segundo aspecto me parece muy importante y decisivo. El joven de la historia no solo es necio, sino que está solo, completamente solo. Por supuesto, no hay nada de malo en que siendo ya tarde se haya separado de sus amigos y vaya solo a casa. Lo que considero importante y faltaba en su vida en ese momento no era solo la compañía protectora de sus amistades, sino la presencia de unos amigos diferentes, cuya relación no se había preocupado por propiciar en su vida. Él no iba acompañado de *Sabiduría* ni de *Inteligencia* en esos momentos. Era evidente que ahora las necesitaba y muy cerca, pero nunca se preocupó por entablar una amistad fructífera con ellas.

Debo decirte que este relato nos involucra a ti y a mí. Eres todavía necio cuando la única forma de obedecer al semáforo en rojo es que el policía de tránsito esté en el lugar. La necedad está presente en tu vida cuando necesitas cámaras de vigilancia o los ojos atentos de otras personas para que te comportes como es debido. No necesitas solo personas a tu alrededor; lo que necesitas son cualidades que hayas desarrollado con esfuerzo y dedicación y que has llegado a reconocerlas con afecto y como propias.

Lo que realmente necesitas es establecer una relación estrecha, positiva y fructífera con *Sabiduría* e *Inteligencia*. El proverbista resalta el grado de profundidad de ese vínculo usando una alegoría que te anima a tratar a la sabiduría como «hermana» y a la inteligencia como «mejor amiga». La sabiduría tiene que estar tan dentro de ti, al punto que la consideres como de tu propia sangre, como lo es un hermano. Gozar de inteligencia es tan importante que la debes reconocer como algo sumamente cercano y deseable, tal como lo es un mejor amigo.

Tendrás que enfrentar muchos momentos de tu vida solo, pero no completamente. El mismo Señor Jesucristo ha prometido estar contigo todos los días de tu vida, y el Espíritu Santo te acompaña y te enseña. Esa es una parte de la gran promesa del evangelio para todos los que han creído en las buenas noticias de salvación en Cristo. Pero tampoco estarás solo si te has preocupado por crear un vínculo estrecho y afectuoso con la sabiduría y la inteligencia, compañeras imprescindibles que ayudan a que tu corazón no se desvíe y puedas sortear con bien las dificultades de la vida.

PROVERBIOS 8

Llamamiento de la sabiduría

1 ¿No clama la sabiduría,
   Y levanta su voz la prudencia?

2 En la cima de las alturas, junto al camino,
   Donde cruzan las sendas, se coloca;

3 Junto a las puertas, a la salida de la ciudad,
   En el umbral de las puertas, da voces:

4 «Oh hombres, a ustedes clamo,
   Para los hijos de los hombres es mi voz.

5 Oh simples, aprendan prudencia;
   Y ustedes, necios, aprendan sabiduría.

6 Escuchen, porque hablaré cosas excelentes,
   Y con el abrir de mis labios rectitud.

7 Porque mi boca proferirá la verdad,
   Abominación a mis labios es la impiedad.

8 Conforme a la justicia son todas las palabras de mi
      boca,
   No hay en ellas nada torcido ni perverso.

9 Todas son sinceras para el que entiende,
   Y rectas para los que han hallado conocimiento.

10 Reciban mi instrucción y no la plata,
   Y conocimiento antes que el oro escogido,

11 Porque mejor es la sabiduría que las joyas,
   Y todas las cosas deseables no pueden compararse con
      ella.

La sabiduría se elogia a sí misma

12 »Yo, la sabiduría, habito con la prudencia,
Y he hallado conocimiento y discreción.

13 El temor del Señor es aborrecer el mal.
El orgullo, la arrogancia, el mal camino
Y la boca perversa, yo aborrezco.

14 Mío es el consejo y la prudencia,
Yo soy la inteligencia, el poder es mío.

15 Por mí reinan los reyes,
Y los gobernantes decretan justicia.

16 Por mí gobiernan los príncipes y los nobles,
Todos los que juzgan con justicia.

17 Amo a los que me aman,
Y los que me buscan con diligencia me hallarán.

18 Conmigo están las riquezas y el honor,
La fortuna duradera y la justicia.

19 Mi fruto es mejor que el oro, que el oro puro,
Y mi ganancia es mejor que la plata escogida.

20 Yo ando por el camino de la justicia,
Por en medio de las sendas del derecho,

21 Para otorgar heredad a los que me aman
Y así llenar sus tesoros.

22 »El Señor me poseyó al principio de Su camino,
Antes de Sus obras de tiempos pasados.

23 Desde la eternidad fui establecida,
Desde el principio, desde los orígenes de la tierra.

24 Cuando no había abismos fui engendrada,
Cuando no había manantiales abundantes en
aguas.

25 Antes que los montes fueran asentados,
Antes que las colinas, fui engendrada,

²⁶ Cuando Él no había hecho aún la tierra y los campos,
Ni el polvo primero del mundo.
²⁷ Cuando estableció los cielos, allí estaba yo;
Cuando trazó un círculo sobre la superficie del abismo,
²⁸ Cuando arriba afirmó los cielos,
Cuando las fuentes del abismo se afianzaron,
²⁹ Cuando al mar puso sus límites
Para que las aguas no transgredieran Su mandato,
Cuando señaló los cimientos de la tierra,
³⁰ Yo estaba entonces junto a Él, como arquitecto;
Yo era Su delicia de día en día,
Regocijándome en todo tiempo en Su presencia,
³¹ Regocijándome en el mundo, en Su tierra,
Y teniendo mis delicias con los hijos de los hombres.

³² »Ahora pues, hijos, escúchenme,
Porque bienaventurados son los que guardan mis
        caminos.
³³ Escuchen la instrucción y sean sabios,
Y no la desprecien.
³⁴ Bienaventurado el hombre que me escucha,
Velando a mis puertas día a día,
Aguardando en los postes de mi entrada.
³⁵ Porque el que me halla, halla la vida
Y alcanza el favor del Señor.
³⁶ Pero el que peca contra mí, a sí mismo se daña;
Todos los que me odian, aman la muerte».

Sordera voluntaria

¿No clama la sabiduría,
Y levanta su voz la prudencia?
En la cima de las alturas, junto al camino,
Donde cruzan las sendas, se coloca;
Junto a las puertas, a la salida de la ciudad,
En el umbral de las puertas da voces:
«Oh hombres, a ustedes clamo,
Para los hijos de los hombres es mi voz.

(8:1-4)

De seguro todos recordamos las veces que nos repitieron hasta la saciedad ese «consejo» que no queríamos oír y por el que pagamos las consecuencias por no prestarle atención. Recuerdo claramente cuando un amigo, hace muchos años, me advirtió con severidad que las decisiones que estaba tomando no tendrían un buen final. Intenté darle mil excusas, le dije que era demasiado alarmista, que si no me conocía bien y «¡claro que te estoy oyendo!». Pero la verdad es que no quería oírlo porque tenía la necedad al tope y... tuve que reconocer su consejo cuando pagué las consecuencias de mi sordera voluntaria. Bien dice el dicho: «No hay peor sordo que el que no quiere oír».

El necio herido por su propia necedad siempre gritará que no tenía cómo saberlo, que nadie le dijo, que lo que haya hecho y sus consecuencias son resultado del infortunio, la mala suerte o todo lo que esté a su alrededor... menos él mismo. Pero yo me pregunto, ¿podremos realmente justificar que nuestros actos son culpa de un silencio absoluto de la sabiduría a nuestro alrededor? De ninguna manera.

El maestro de sabiduría afirma que la sabiduría alza su voz tanto en las cimas de las montañas como en los cruces de caminos y en los lugares donde se toman las decisiones más importantes. La sabiduría no es advenediza, ha sido posesión de Dios desde antes de la creación y el Señor la usó en la constitución de la tierra. No podemos decir que no teníamos idea de ella porque SIEMPRE ha estado entre nosotros, aunque no en nuestro interior.

La sabiduría se hace oír con tal fuerza y hace un llamado urgente porque los seres humanos somos necios por naturaleza. Nuestra falta de sabiduría se demuestra con creces al ver las consecuencias tenebrosas, dolorosas y mortales evidentes entre nosotros. La sabiduría es ajena a nosotros porque no es inherente a nuestra humanidad y debe buscarse con ahínco porque siempre preferiremos la superficialidad y las cosas que brillan y aparentan valor. Por eso dice el maestro de sabiduría: «Porque mejor es la sabiduría que las joyas, y todas las cosas deseables no pueden compararse con ella» (v. 11). Pero como buenos necios preferimos los espejitos brillantes y no la sabiduría de Dios que le dio orden y belleza al universo.

Es interesante observar que la vida buena, es decir la sabiduría, convive con la prudencia, el conocimiento y la discreción. Cuando dejamos de lado a la necedad y sus amigos, entonces empezamos a caminar con un grupo de amigos bastante diferente: cautela y moderación se vuelven presentes e inseparables, empezamos a destacar por la sensatez y el buen juicio de nuestros actos al poder distinguir entre el bien y el mal, aferrándonos a lo bueno y huyendo de lo malo. Nuestra percepción de lo que es bueno o malo ya no es subjetiva ni depende de los sentimientos o circunstancias, sino de la claridad meridiana de la Palabra de Dios. Por eso la sabiduría dice:

Ahora pues, hijos, escúchenme.
Porque bienaventurados son los que guardan mis caminos.
Escuchen la instrucción y sean sabios,
Y no la desprecien.
(vv. 32-33)

No digamos nunca más que jamás oímos de la sabiduría porque eso es imposible. La sabiduría siempre estará gritando en la encrucijada de los caminos, justo antes de tomar esa mala decisión o escoger ese mal rumbo. No digamos que lo intentamos, pero no la hallamos porque la sabiduría siempre te dirá: «Amo a los que me aman, y los que me buscan con diligencia me hallarán» (v. 17). No más pretextos ni excusas, no más sordera voluntaria ni afectos equivocados. Si quieres ser sabio, escucha con atención y reconoce que la sabiduría se aprende y solo la encontrarás si la buscas con diligencia.

PROVERBIOS 9

La sabiduría y la insensatez

1 La sabiduría ha edificado su casa,
   Ha labrado sus siete columnas;
2 Ha preparado su alimento, ha mezclado su vino,
   Ha puesto también su mesa;
3 Ha enviado a sus doncellas, y clama
   Desde los lugares más altos de la ciudad:
4 «El que sea simple que entre aquí».
   Al falto de entendimiento le dice:
5 «Ven, come de mi pan,
   Y bebe del vino que he mezclado.
6 Abandona la necedad y vivirás;
   Anda por el camino del entendimiento».

7 El que instruye al insolente, atrae sobre sí
      deshonra,
   Y el que reprende al impío recibe insultos.
8 No reprendas al insolente, para que no te aborrezca;
   Reprende al sabio, y te amará.
9 Da instrucción al sabio, y será aún más sabio,
   Enseña al justo, y aumentará su saber.
10 El principio de la sabiduría es el temor del Señor,
   Y el conocimiento del Santo es inteligencia.
11 Pues por mí se multiplicarán tus días,
   Y años de vida te serán añadidos.

¹² Si eres sabio, eres sabio para provecho tuyo,
Y si escarneces, tú solo lo sufrirás.

¹³ La mujer insensata es alborotadora,
Es simple y no sabe nada.
¹⁴ Se sienta a la puerta de su casa,
En un asiento, en los lugares altos de la ciudad,
¹⁵ Llamando a los que pasan,
A los que van derechos por sus sendas:
¹⁶ «El que sea simple, que entre aquí».
Y al falto de entendimiento, le dice:
¹⁷ «Dulces son las aguas hurtadas,
Y el pan comido en secreto es sabroso».
¹⁸ Pero él no sabe que allí están los muertos,
Que sus invitados están en las profundidades del Seol.

No todos los caminos conducen a la sabiduría

El que instruye al insolente, atrae sobre sí deshonra,
Y el que reprende al impío recibe insultos.
No reprendas al insolente, para que no te aborrezca;
Reprende al sabio, y te amará.
Da instrucción al sabio, y será aún más sabio,
Enseña al justo, y aumentará su saber.
El principio de la sabiduría es el temor del SEÑOR,
Y el conocimiento del Santo es inteligencia.

(9:7-10)

Obtener una «educación» no es hoy algo optativo, sino imprescindible y necesario. Todo lo que recibimos durante los años escolares y universitarios nos capacitan no solo para trabajar en algo productivo y «ganarnos» la vida, sino para movernos con libertad, seguridad y orden en la sociedad contemporánea. Ser educado es tan «normal», que ya no somos muy conscientes del inmenso drama del analfabetismo y sus terribles consecuencias en la vida diaria. Algo tan normal como saber leer, escribir y poder realizar operaciones matemáticas básicas no son habilidades con las que nacemos, sino que las aprendemos para nuestro beneficio desde la infancia y sobre ellas vamos acumulando conocimientos y habilidades que, con los años, nos convertirán en personas sofisticadas y útiles para nuestra comunidad.

Así como se pasa de la ignorancia al conocimiento a través de la educación gradual, también podríamos pensar que lo mismo sucede con el paso de la necedad a la sabiduría. Lo graficaríamos como una línea recta en uno de cuyos extremos está la *necedad categórica* y en el otro la *sabiduría absoluta*. Así como una niña va aprendiendo las vocales, el alfabeto, las sílabas y las palabras, un necio podría ir remontando la escala negativa y pasar de muy necio a menos necio y de allí pasar a una escala positiva de poco sabio a cada vez más sabio. Suena bastante viable e interesante, ¿cierto? Lo siento, pero lamento informarte que así no funciona el paso de la necedad a la sabiduría.

Si lees con atención el texto de Proverbios en el encabezado, podrás darte cuenta de que el maestro de sabiduría dice muy claramente que no hay remedio para el «insolente» ni para el «impío». Por el contrario, tratar de instruir a ese tipo de necios solo puede producir «deshonra», «insultos» y «aborrecimiento». Pareciera como si la necedad no tuviera escapatoria y que la instrucción ni la represión pueden transformar un corazón necio. Entonces, ¿qué hacemos?

El maestro de sabiduría no nos deja con la desazón de saber que no hay esperanza para el necio. Por el contrario, sí se nos plantea un punto de partida muy preciso para la sabiduría, pero no empieza con instrucción, sino con devoción: «El principio de la sabiduría es el temor del Señor».

Mucho se ha discutido con respecto a la palabra «temor» y su significado particular en este caso. Algunos la consideran como miedo, recelo o aprensión ante un Dios cuya trascendencia nos causa zozobra y resquemor. Sin embargo, el «temor del Señor» no tiene que ver con miedo o recelo ansioso, sino con un inmenso respeto ante el Dios creador, soberano del universo y tres veces SANTO.

Sin embargo, todo esto nos puede parecer muy lejano porque para poder empezar a ser sabios, para ubicarnos en el punto de partida y el principio de la sabiduría es necesario que ese Dios todopoderoso y trascendente se manifieste en tu vida y se dé a conocer. Cuando eso suceda, el Señor mismo hará que toda tu necedad sea expuesta ante la luz de su santidad y tu corazón sea llevado al arrepentimiento. Solo podremos empezar el camino de la sabiduría cuando el Señor cambie nuestro corazón, cuando hayamos pasado de muerte a vida y seamos hechos nuevas criaturas al recibir el beneficio anunciado en el evangelio de la obra de Jesucristo a nuestro favor, el poder de su resurrección y la guía del Espíritu Santo.

Nadie podrá tener una vida buena sin nacer de nuevo. Nadie podrá ser sabio sin antes haberse arrepentido de su necedad, sin tener un corazón regenerado y lleno de asombro y respeto por Dios su Salvador. No se trata, entonces, de una línea recta, sino de un quiebre, de un abandono del camino de la necedad que va a la muerte para darse vuelta y seguir otro camino muy distinto, el de la verdad y la vida que es nuestro Señor Jesucristo. Desde allí, como dice el maestro de sabiduría, la instrucción surtirá efecto porque nos hará más sabios y la enseñanza aumentará nuestro saber porque «el conocimiento del Santo es inteligencia».

PROVERBIOS 10

El justo y el impío

¹ Los proverbios de Salomón.

El hijo sabio alegra al padre,
Pero el hijo necio es tristeza para su madre.

² Tesoros mal adquiridos no aprovechan,
Pero la justicia libra de la muerte.

³ El Señor no permitirá que el justo padezca hambre,
Pero rechazará la avidez de los impíos.

⁴ Pobre es el que trabaja con mano negligente,
Pero la mano de los diligentes enriquece.

⁵ El que recoge en el verano es hijo sabio,
El que se duerme durante la siega es hijo que
    avergüenza.

⁶ Hay bendiciones sobre la cabeza del justo,
Pero la boca de los impíos oculta violencia.

⁷ La memoria del justo es bendita,
Pero el nombre del impío se pudrirá.

⁸ El sabio de corazón aceptará mandatos,
Pero el necio charlatán será derribado.

⁹ El que anda en integridad anda seguro,
Pero el que pervierte sus caminos será
    descubierto.

¹⁰ El que guiña el ojo causa disgustos,
Y el necio charlatán será derribado.

11 Fuente de vida es la boca del justo,
Pero la boca de los impíos encubre violencia.

12 El odio crea rencillas,
Pero el amor cubre todas las transgresiones.

13 En los labios del entendido se halla sabiduría,
Pero la vara es para las espaldas del falto de
entendimiento.

14 Los sabios atesoran conocimiento,
Pero la boca del necio es ruina cercana.

15 La fortuna del rico es su fortaleza,
La ruina de los pobres es su pobreza.

16 El salario del justo es vida,
La ganancia del impío, castigo.

17 Por senda de vida va el que guarda la instrucción,
Pero el que abandona la reprensión se extravía.

18 El que oculta el odio tiene labios mentirosos,
Y el que esparce calumnia es un necio.

19 En las muchas palabras, la transgresión es
inevitable,
Pero el que refrena sus labios es prudente.

20 La lengua del justo es plata escogida,
Pero el corazón de los impíos es poca cosa.

21 Los labios del justo apacientan a muchos,
Pero los necios mueren por falta de entendimiento.

22 La bendición del Señor es la que enriquece,
Y Él no añade tristeza con ella.

23 Como diversión es para el necio el hacer maldad,
Y la sabiduría lo es para el hombre de entendimiento.

24 Lo que el impío teme vendrá sobre él,
Y el deseo de los justos será concedido.

25 Cuando pasa el torbellino, ya no existe el impío,
Pero el justo tiene cimiento eterno.

²⁶ Como el vinagre a los dientes y el humo a los ojos,
Así es el perezoso para quienes lo envían.

²⁷ El temor del Señor multiplica los días,
Pero los años de los impíos serán acortados.

²⁸ La esperanza de los justos es alegría,
Pero la expectación de los impíos perecerá.

²⁹ Fortaleza para el íntegro es el camino del Señor,
Pero ruina para los que obran iniquidad.

³⁰ El justo nunca será conmovido,
Pero los impíos no habitarán en la tierra.

³¹ De la boca del justo brota sabiduría,
Pero la lengua perversa será cortada.

³² Los labios del justo dan a conocer lo agradable,
Pero la boca de los impíos, lo perverso.

Alegrías o tristezas

El hijo sabio alegra al padre,
Pero el hijo necio es tristeza para su madre.

(10:1)

No deja de sorprenderme que el primer proverbio de Salomón, luego de la larga lista de advertencias y consejos generales, tuviera que ver con los sentimientos opuestos que podemos producir en nuestros padres producto de nuestra sabiduría o necedad. ¿Por qué Salomón empieza con este proverbio?

La relación con los padres marca el inicio de nuestra vida social. Pocos son los que se dan cuenta de que la forma en que se desenvuelven en el seno familiar marcará profundamente la manera en que se relacionarán con el resto de la sociedad. La familia con sus logros y disfunciones tiene un tremendo papel formativo en todo sentido: espiritual, emocional e intelectual.

Sin embargo, si hay algo que caracteriza la vida familiar es su profunda carga emotiva. Mi trabajo pastoral me ha permitido ver a una infinidad de padres, madres, hijos e hijas tratar con las emociones producidas por las vivencias de esa relación fundamental que pueden causar tanto inmensas alegrías como tristezas inimaginables. Ver llorar amargamente a una madre por la conducta de un hijo o a una hija sollozar en silencio por el abandono de un padre son de las experiencias más desgarradoras que me ha tocado observar. Lo peor de todo es que son demasiado comunes y muy dolorosas. Pero también he visto el gozo que produce un buen hijo y cómo la conducta intachable de una hija hace brillar los ojos de sus padres. Además, he sido testigo de los abrazos eternos y agradecidos de hijos e hijas que se han sentido cuidados y amados por padres buenos y abnegados. Esa también es una realidad visible.

Lo anterior me hace entender por qué Salomón empieza afirmando que la sabiduría produce alegría y la necedad tristeza en el seno familiar. La gran prueba de que somos verdaderamente sabios, de acuerdo con la Palabra de Dios, es cuando producimos alegría entre los más cercanos a nosotros. Conozco mucha gente que se considera sabia por sus logros profesionales, su capacidad mental e intelectual o su habilidad para ganar dinero y hacer negocios, pero no son realmente sabios, sino necios porque, al observar sus relaciones cercanas, solo les causan tristeza a los que viven en su casa.

Es posible que Salomón inicie sus proverbios con esta declaración porque sabe que la verdadera sabiduría o la necedad se harán evidentes y no podrán ocultarse en el seno del hogar. En el mismo sentido, es importante recalcar que Salomón nos presenta dos evidencias para la sabiduría y la necedad que son fundacionales y están por encima de cualquier otra prueba: la alegría y la tristeza.

La sabiduría producirá alegría, es decir, un sentimiento agradable de complacencia y tranquilidad que inunda el alma, pero no en el sabio, sino en los que los rodean. Impresionante, ¿no? La necedad tampoco podrá ser vista simplemente como esa terquedad que termina acabando con uno mismo, sino que producirá una enorme tristeza en los que lo rodean.

Los proverbios nos muestran las manifestaciones opuestas que producen la sabiduría y la necedad, pero no olvides nunca que la principal radiografía que evidenciará si eres sabio o necio es la alegría o la tristeza que produzcas en los que están más cerca de ti y que más te aman.

PROVERBIOS 11

1   La balanza falsa es abominación al Señor,
    Pero el peso cabal es Su deleite.
2   Cuando viene la soberbia, viene también la deshonra;
    Pero la sabiduría está con los humildes.
3   La integridad de los rectos los guiará,
    Pero la perversidad de los traidores los destruirá.
4   De nada sirven las riquezas el día de la ira,
    Pero la justicia libra de la muerte.
5   La justicia del íntegro enderezará su camino,
    Pero el impío caerá por su propia impiedad.
6   La justicia de los rectos los librará,
    Pero los traidores en su codicia serán atrapados.
7   Cuando muere el hombre impío, su esperanza se
        acaba,
    Y la expectación de los poderosos perece.
8   El justo es librado de tribulación,
    Y el impío toma su lugar.
9   Con la boca el impío destruye a su prójimo,
    Pero por el conocimiento los justos serán librados.
10 Con el bien de los justos, se regocija la ciudad,
    Y cuando perecen los impíos, hay gritos de alegría.
11 Por la bendición de los rectos, se enaltece la ciudad,
    Pero por la boca de los impíos, es derribada.
12 El que desprecia a su prójimo carece de
        entendimiento,
    Pero el hombre prudente guarda silencio.

¹³ El que anda en chismes revela secretos,
Pero el de espíritu leal oculta las cosas.

¹⁴ Donde no hay buen consejo, el pueblo cae,
Pero en la abundancia de consejeros está la victoria.

¹⁵ Ciertamente sufrirá el que sale fiador por un extraño,
Pero el que odia salir fiador está seguro.

¹⁶ La mujer agraciada alcanza honra,
Y los poderosos alcanzan riquezas.

¹⁷ El hombre misericordioso se hace bien a sí mismo,
Pero el cruel a sí mismo se hace daño.

¹⁸ El impío gana salario engañoso,
Pero el que siembra justicia recibe verdadera
recompensa.

¹⁹ El que persiste en la justicia alcanzará la vida,
Y el que va en pos del mal, su propia muerte.

²⁰ Los de corazón perverso son abominación al Señor,
Pero los de camino intachable son Su deleite.

²¹ Ciertamente el malvado no quedará sin castigo,
Pero la descendencia de los justos será librada.

²² Como anillo de oro en el hocico de un cerdo
Es la mujer hermosa que carece de discreción.

²³ El deseo de los justos es solo el bien,
Pero la esperanza de los malvados es la ira.

²⁴ Hay quien reparte, y le es añadido más,
Y hay quien retiene lo que es justo, solo para venir a
menos.

²⁵ El alma generosa será prosperada,
Y el que riega será también regado.

²⁶ Al que retiene el grano, el pueblo lo maldecirá,
Pero habrá bendición sobre la cabeza del que lo vende.

²⁷ El que con diligencia busca el bien, se procura favor,
Pero el que busca el mal, este le vendrá.

28 El que confía en sus riquezas, caerá,
   Pero los justos prosperarán como la hoja verde.
29 El que turba su casa, heredará viento,
   Y el necio será siervo del sabio de corazón.
30 El fruto del justo es árbol de vida,
   Y el que gana almas es sabio.
31 Si el justo es recompensado en la tierra,
   ¡Cuánto más el impío y el pecador!

Los necios no saben de aritmética

Hay quien reparte, y le es añadido más,
Y hay quien retiene lo que es justo,
solo para venir a menos.
El alma generosa será prosperada,
Y el que riega será también regado.

(11:24-25)

M ás de una vez he escuchado decir que los humanos llegamos sin nada y sin nada partimos. En el camino, por supuesto, vamos tomando propiedad de un sinnúmero de bienes, desde el primer pañal luego del primer llanto hasta el cúmulo de remedios que buscan alargar nuestra vida en sus momentos finales. Vamos acumulando y desechando, comprando y gastando; primero somos patrocinados por padres, abuelos y padrinos, quienes generosamente suplen necesidades y gustos, para luego ir tomando la rienda de nuestros consumos con el sudor de nuestra frente. Algunas cosas se volverán memorables como esa primera bicicleta roja con la que emprendimos grandes aventuras y olvidables como la incontable cantidad de camisas multicolores que cumplieron su ciclo sin mayores repercusiones.

Todo lo anterior es cierto, aunque no por completo. No todo queda restringido al consumo material. No es que simplemente nos vamos como llegamos, porque la forma en que atesoramos o desechamos, es decir, la manera en que nos apropiamos, gastamos y acumulamos los recursos a nuestra disposición pone en evidencia la realidad de nuestro corazón. El alma será realmente afectada por la forma en que interactúa con los bienes materiales que posee o anhela. Esa interactuación no solo pondrá en evidencia la necedad o sabiduría del corazón, sino que también podría aumentar o disminuir ambos estados.

¿Cómo dejar la necedad y empezar a ser sabios con los bienes materiales que tenemos a la disposición?

La respuesta la encontramos en una sola palabra: generosidad. Me parece sumamente interesante que esta palabra que se traduce como «generosa» venga de una expresión hebrea que significa «bendición». Un alma generosa es aquella que bendice porque está dispuesta a compartir de lo que tiene para enriquecer al otro, justamente lo que hace Dios con nosotros. Pero el origen interesante de la palabra no queda allí. Nuestro vocablo en español tiene su origen en la raíz latina que se traduce literalmente «de noble cuna». Sin embargo, ese término fue cambiando del origen noble por nacimiento a «nobleza de espíritu», alguien que tiene cualidades admirables como la gentileza y la fortaleza. Con el tiempo dejó de ser una descripción anímica para convertirse en acciones dadivosas producidas por un alma noble.

El maestro de sabiduría entiende que existe una estrecha relación entre la generosidad del alma, la sabiduría y la necedad. La liberalidad expresada en el «repartir» del sabio produce mayor riqueza, pero no en términos materiales, sino en una verdadera recompensa, como se dice en unos proverbios anteriores: «El impío gana salario engañoso, pero el que siembra justicia recibe verdadera recompensa» (v. 18). Ese salario del necio es la ganancia temporal o momentánea que produce la ilusión de que es dueño de algo material que, en realidad, solo se le ha prestado porque, finalmente, «"Mía es la plata y Mío es el oro", declara el Señor de los ejércitos» (Hageo 2:8). El necio, que no entiende su función como administrador de los bienes de Dios, «retiene más de lo que es justo» porque lo percibe como suyo de manera absoluta y en eso radica su error. Mientras más acumula bienes injustos al no compartirlos con generosidad, su alma se empobrece y sus anhelos nunca son realmente satisfechos.

El sabio, por el contrario, «siembra justicia» al actuar con rectitud y con desprendimiento, por lo que es prosperado con una «recompensa verdadera» que nace de su prodigalidad. Tanto la palabra «prosperar» como «regar» son bastante ilustrativas y no puedo obviarlas. La primera se traduciría literalmente en hebreo como «se hará gordo», dando a entender un estado de bienestar saludable —no de exceso— tal como lo entenderíamos en nuestro tiempo, como la oveja que engorda porque está saludable y bien cuidada.

La segunda palabra, «regar», tiene que ver también con abundancia no solo esparciendo agua, sino que tiene la connotación de empapar por completo una superficie para hacerla productiva. Esto quiere decir que la actitud de extrema generosidad del sabio encontrará también satisfacción por parte de otros. Pablo lo expresó así en su propio testimonio: «En todo les mostré que así, trabajando, deben ayudar a los débiles, y recordar las palabras del Señor Jesús, que dijo: "Más bienaventurado es dar que recibir" (Hechos 20:35). Como ven, generosidad y bendición siempre irán de la mano.

PROVERBIOS 12

1   El que ama la instrucción ama el conocimiento,
    Pero el que odia la reprensión es torpe.
2   El bueno alcanzará el favor del Señor,
    Pero Él condenará al hombre de malos designios.
3   El hombre no se afianzará por medio de la impiedad,
    Y la raíz de los justos no será removida.
4   La mujer virtuosa es corona de su marido,
    Pero la que lo avergüenza es como podredumbre en sus
        huesos.
5   Los pensamientos de los justos son rectos,
    Los consejos de los impíos, engañosos.
6   Las palabras de los impíos son asechanzas sangrientas,
    Pero a los rectos su boca los librará.
7   Los impíos son derribados y ya no existen,
    Pero la casa de los justos permanecerá.
8   El hombre será alabado conforme a su
        discernimiento,
    Pero el perverso de corazón será despreciado.
9   Más vale el poco estimado que tiene siervo,
    Que el que se alaba y carece de pan.
10 El justo se preocupa de la vida de su ganado,
    Pero las entrañas de los impíos son crueles.
11 El que labra su tierra se saciará de pan,
    Pero el que persigue lo vano carece de entendimiento.
12 El impío codicia el botín de los malos,
    Pero la raíz de los justos da fruto.

13 En la transgresión de sus labios se enreda el malvado,
Pero el justo escapará del apuro.

14 Por el fruto de su boca cada uno se saciará de bien,
Y las obras de las manos del hombre volverán a él.

15 El camino del necio es recto a sus propios ojos,
Pero el que escucha consejos es sabio.

16 El enojo del necio se conoce al instante,
Pero el prudente oculta la deshonra.

17 El que habla verdad declara lo que es justo,
Pero el testigo falso, falsedad.

18 Hay quien habla sin tino como golpes de espada,
Pero la lengua de los sabios sana.

19 Los labios veraces permanecerán para siempre,
Pero la lengua mentirosa, solo por un momento.

20 Hay engaño en el corazón de los que traman el mal,
Pero gozo en los consejeros de paz.

21 Ningún daño sobreviene al justo,
Pero los impíos están llenos de pesares.

22 Los labios mentirosos son abominación al Señor,
Pero los que obran fielmente son Su deleite.

23 El hombre prudente oculta su conocimiento,
Pero el corazón de los necios proclama su necedad.

24 La mano de los diligentes gobernará,
Pero la indolencia será sujeta a trabajos forzados.

25 La ansiedad en el corazón del hombre lo deprime,
Pero la buena palabra lo alegra.

26 El justo es guía para su prójimo,
Pero el camino de los impíos los extravía.

27 El indolente no asa su presa,
Pero la posesión más preciosa del hombre es la diligencia.

28 En la senda de la justicia está la vida,
Y en su camino no hay muerte.

Los necios no saben de límites

El camino del necio es recto a sus propios ojos,
Pero el que escucha consejos es sabio.
El enojo del necio se conoce al instante,
Pero el prudente oculta la deshonra. [...]
El hombre prudente oculta su conocimiento,
Pero el corazón de los necios proclama su necedad
(12:15-16, 23)

La vida solía ser compartida con unos cuantos amigos, familiares, compañeros de estudio o trabajo y hermanos de la iglesia. Los eventos favorables, las tragedias y los altibajos de las historias personales y familiares se vivían alrededor de ese pequeño núcleo relacional. Lágrimas, sonrisas, celebraciones y abrazos se registraban en fotografías que solo quedaban entre aquellos que se reconocían como protagonistas de esas historias. Es muy probable que nuestros abuelos o padres también se enfrentaron a algún chisme o a un comentario adverso que tuvieron que aclarar entre los suyos y quizás eso trajo consigo que algunas amistades o relaciones se afianzaran o se rompieran sin remedio.

Hoy todo ha cambiado por completo. Pareciera que las nuevas generaciones nos debemos a una multitud de desconocidos que ofrecen *likes* [me gusta] o cuyos comentarios sin mayor contexto que una imagen o unas pocas palabras nos pueden causar mucho dolor o una alegría inmensa. El número de usuarios de las redes sociales al momento en que escribo suman alrededor de 3.8 billones, es decir, cerca de la mitad de los pobladores de nuestro pequeño planeta azul.

Lo que empezó como una herramienta virtual para conectar amigos a la «antigua», atrayendo de vuelta a los olvidados en el tiempo del grupo relacional tradicional, se fue convirtiendo en una plataforma para exponer por completo las vidas al mundo, difuminando la línea entre lo privado y lo público, maquillando la existencia y usando el *Photoshop* para que las palabras y las imágenes nos hagan lucir exitosos, hermosos y hasta más inteligentes.

Las redes sociales no han cumplido su promesa de facilitar la coexistencia pacífica y el intercambio universal del conocimiento. Por el contrario, la propagación de mentiras, teorías conspirativas, calumnias, chismes, envidias y odio abunda sin control. Muchos han llegado a decir que les deprime profundamente el mundo virtual, aunque no lo abandonan. Esta exposición mediática está exacerbando nuestra necedad natural.

Hace poco leí a un tuitero decir que el diccionario debería acuñar el término «*agnorante*» porque las redes han creado un nuevo tipo de personas que son «arrogantes/ignorantes». Lo cierto es que ese tipo de personas no es nuevo porque ya Proverbios describe así a los necios, ya que ellos ven su camino siempre como «recto a sus propios ojos» (v. 15) y el corazón del necio siempre «proclama su necedad» (v. 23b).

Este capítulo de Proverbios está lleno de ejemplos de esa necedad que hoy llena las redes sociales y que descubre la realidad de nuestras mentes y corazones. Navegar y mirar imágenes y frases cortas sin descanso es necedad porque descuidamos a los que nos rodean y reducimos nuestra productividad estudiantil o laboral. El maestro de sabiduría dice: «El que labra su tierra se saciará de pan, pero el que persigue lo vano carece de entendimiento» (v. 11).

Las palabras y los comentarios que lanzamos casi sin pensar luego de leer 280 caracteres de un tuit o algo visto en Instagram también es una demostración de nuestra necedad porque «hay quien habla sin tino [juicio, cordura o moderación] como golpes de espada» (v. 18a). Nuestras reacciones airadas expresadas en redes también son una prueba evidente de necedad: «El enojo del necio se conoce al instante, [...] el corazón de los necios proclama su necedad» (vv. 16a, 23b). No hay duda de que la necedad se pone en evidencia en las redes y son como un tomógrafo que permite ver la realidad más profunda del alma humana.

Por el contrario, los sabios saben navegar por las redes sociales y lo primero que hacen es poner límites en su consumo. En primer lugar, el paso inicial hacia la sabiduría es reconocer que gastas mucho de tu vida navegando de arriba abajo por imágenes y palabras sin límite que realmente solo te producen una mayor curiosidad por seguir haciéndolo y luego culpa por descuidar lo que sí debiste estar haciendo en vez de perder tanto tiempo.

En segundo lugar, ser sabio es tener cuidado de nuestras palabras y el ánimo que las crea. En oposición a las que son hirientes, el maestro de sabiduría dice que «la lengua de los sabios sana» (v. 18b). Sabemos que hay muchas personas que están sufriendo emocionalmente y que requieren de una palabra de aliento, no de desánimo. Por eso, no busquemos oscurecer más las redes, sino ofrecer una «buena palabra», como lo aconseja el maestro de sabiduría: «La ansiedad en el corazón del hombre lo deprime, pero la buena palabra lo alegra» (v. 25). Además, debemos cerciorarnos de que la información que compartimos es veraz porque «los labios mentirosos son abominación al Señor» (v. 22a).

Por último, el sabio se hace responsable de sus palabras y sus obras, reconociendo que no se puede ocultar en un mundo virtual, sino que le toca rendir cuentas todavía a ese viejo pero activo núcleo relacional de hombres y mujeres de carne y hueso con los que, en definitiva, comparte su vida.

PROVERBIOS 13

1 El hijo sabio acepta la disciplina de su padre,
  Pero el insolente no escucha la reprensión.

2 Del fruto de su boca el hombre comerá el bien,
  Pero el deseo de los traidores es la violencia.

3 El que guarda su boca, preserva su vida;
  El que mucho abre sus labios, termina en ruina.

4 El alma del perezoso desea mucho, pero nada consigue,
  Sin embargo, el alma de los diligentes queda satisfecha.

5 El justo aborrece la falsedad,
  Pero el impío causa repugnancia y vergüenza.

6 La justicia guarda al íntegro en su camino,
  Pero la maldad destruye al pecador.

7 Hay quien pretende ser rico, y nada tiene;
  Hay quien pretende ser pobre, y tiene una gran fortuna.

8 El rescate de la vida de un hombre está en sus riquezas,
  Pero el pobre no oye amenazas.

9 La luz de los justos brilla alegremente,
  Pero la lámpara de los impíos se apaga.

10 Por la soberbia solo viene la contienda,
   Pero con los que reciben consejos está la sabiduría.

11 La fortuna obtenida con fraude disminuye,
   Pero el que la recoge con trabajo la aumenta.

12 La esperanza que se demora enferma el corazón,
   Pero el deseo cumplido es árbol de vida.

13 El que desprecia la palabra pagará por ello,
   Pero el que teme el mandamiento será recompensado.

¹⁴ La enseñanza del sabio es fuente de vida,
Para apartarse de los lazos de la muerte.

¹⁵ El buen entendimiento produce favor,
Pero el camino de los malvados es difícil.

¹⁶ Todo hombre prudente obra con conocimiento,
Pero el necio ostenta necedad.

¹⁷ El mensajero perverso cae en la adversidad,
Pero el enviado fiel trae sanidad.

¹⁸ Pobreza y vergüenza vendrán al que desprecia la
instrucción,
Pero el que acepta la represión será honrado.

¹⁹ Deseo cumplido es dulzura para el alma,
Pero es abominación para los necios el apartarse del
mal.

²⁰ El que anda con sabios será sabio,
Pero el compañero de los necios sufrirá daño.

²¹ A los pecadores los persigue el mal,
Pero los justos serán recompensados con el bien.

²² El hombre bueno deja herencia a los hijos de sus hijos,
Pero la riqueza del pecador está reservada para el justo.

²³ El terreno de los pobres tiene mucho de comer,
Pero se pierde por la injusticia.

²⁴ El que evita la vara odia a su hijo,
Pero el que lo ama lo disciplina con diligencia.

²⁵ El justo come hasta saciar su alma,
Pero el vientre de los impíos sufre escasez.

Los necios no saben de acción diligente

Todo hombre prudente obra con conocimiento,
Pero el necio ostenta necedad.

(13:16)

Un aparato electrónico nuevo viene acompañado de dos pequeños, pero voluminosos, folletos, a los que debemos reconocer que les prestamos poca atención. Ambos están escritos en muchos idiomas y, valgan verdades, con una letra minúscula difícil de leer. Uno de ellos es la garantía del producto, que está escrita con una fraseología legal casi cuneiforme, y que parece sumamente importante para el fabricante, pero poco o nada para el consumidor. El otro librito es el manual de operación. Uno debe buscar su idioma y luego se supondría que deberíamos darle una leída exhaustiva no solo para saber operar el dispositivo, sino también para sacarle el máximo provecho. Sin embargo, seamos sinceros, la emoción nos gana y después de abanicar un par de páginas del manual preferimos operar el *gadget* usando el famoso «sentido común intuitivo» y el conocido «un amigo tiene uno parecido...».

Podría decir que, con un mínimo margen de error, una de las formas más seguras para poder diferenciar un sabio de un necio es si lee o no el manual del fabricante. Tengo que confesar que muchas veces he dañado un par de equipos, he tenido que desarmar un mueble por completo porque lo armé al revés y son infinidad de veces las que he utilizado otros dispositivos sin conocer todas sus ventajas... todo por no leer el manual. Todo por no ser prudente y obrar sin conocimiento. Todo por ostentar con creces mi necedad.

Hace muchos años memoricé una frase que no es bíblica, pero es muy cierta: «Lo que el necio hace al final, el sabio lo hace al principio». Tómate un minuto para pensar en esas palabras. ¿Por qué el necio termina haciendo lo que ya el sabio hizo desde el principio? La razón es muy sencilla y tiene que ver con el «conocimiento». Mientras que el necio se atreve a caminar por la vida «ensayando» posibilidades, el sabio va a lo seguro porque «sabe» lo que hay que hacer. Esto me lleva a asegurar que las cosas solo se pueden hacer de manera sabia porque nada saca uno atornillando al revés, como dicen en algunos países. Llegará el momento en que habrá que hacerlo como se debe hacer.

Podré cansarme de tratar de hacer las cosas a mi modo, una y mil veces, pero, tarde o temprano, tendré que rendirme y hacerlas conforme a las directrices del manual de funcionamiento. Es probable que el sabio ya esté en otra función productiva desde hace mucho tiempo, mientras que el necio ha gastado tiempo, esfuerzo y hasta dinero para que al final haga lo que el sabio hizo al principio.

La necedad, es decir, esa terquedad que hace que no haga lo que tenga que hacer... aunque lo sepa, muchas veces va unida a la pereza. La sabiduría, por el contrario, se acompaña de la prudencia y la diligencia, que es simplemente el cuidado sensato y entendido al realizar una tarea con presteza. Por eso el maestro de sabiduría dice: «El alma del perezoso desea mucho, pero nada consigue, sin embargo, el alma de los diligentes queda satisfecha» (13:4).

Me generó mucha curiosidad el uso de la palabra «alma» en el pasaje anterior. Esta palabra expresa el ser interior, la persona misma, el yo, pero también involucra aquello que está en la esencia de lo que eres como ser humano. En ese sentido, el pasaje nos dice que el alma de un necio tiene muchos deseos, antojos o anhelos que nunca llega a satisfacer por su pereza. Pero no solo por eso, sino también porque son imposibles de alcanzar al estar realmente fuera de la realidad. Un necio desea imposibles como, por ejemplo, quiere pasar un examen sin haber estudiado o ganar una maratón luego de entrenar solo por dos días. Ambas cosas son loables y deseables, pero necias mientras no vayan acompañadas por la diligencia que obliga a estudiar o a entrenar para lograr el objetivo anhelado.

Alguna vez escuché decir que los cementerios están llenos de genios de la música, las artes, el deporte y las ciencias que no lograron serlo porque se quedaron solo como promesas que no se comprometieron a desarrollar con esfuerzo su talento natural y así adquirir destreza y conocimiento mientras vivían. Al final, un sabio «obra con conocimiento» y produce fruto, mientras que el necio solo hará gala de una grandeza que es solo deseo subjetivo que se evapora al toparse con la realidad.

Sabia es aquella persona que, como dijo Jesús, «oye la palabra y la entiende» (Mateo 13:23a). Nuestra primera responsabilidad es huir de la necedad ignorante para alcanzar la sabiduría que surge de la obediencia a la Palabra de Dios porque «el que desprecia la palabra pagará por ello, pero el que teme el mandamiento será recompensado» (13:13). Una vida sabia no se caracteriza por los deseos incumplidos, sino por la obra de Cristo que la hace rebosar de logros para la gloria de Dios porque «da fruto y produce, uno a ciento, otro a sesenta y otro a treinta por uno» (Mateo 13:23b).

1 La mujer sabia edifica su casa,
   Pero la necia la derriba con sus manos.
2 El que anda en rectitud teme al SEÑOR,
   Pero el de perversos caminos lo desprecia.
3 En la boca del necio hay una vara para su espalda,
   Pero los labios de los sabios los protegerán.
4 Donde no hay bueyes, el pesebre está limpio,
   Pero mucho rendimiento se obtiene por la fuerza del
      buey.
5 El testigo veraz no mentirá,
   Pero el testigo falso habla mentiras.
6 El insolente busca sabiduría y no la halla,
   Pero para el hombre entendido el conocimiento
      es fácil.
7 Apártate de la presencia del necio,
   Porque en él no discernirás palabras de conocimiento.
8 La sabiduría del prudente está en entender su camino,
   Pero la necedad de los necios es engaño.
9 Los necios se ríen del pecado,
   Pero entre los rectos hay buena voluntad.
10 El corazón conoce su propia amargura,
   Y un extraño no comparte su alegría.
11 La casa de los impíos será destruida,
   Pero la tienda de los rectos florecerá.
12 Hay camino que al hombre le parece derecho,
   Pero al final, es camino de muerte.

¹³ Aun en la risa, el corazón puede tener dolor,
Y el final de la alegría puede ser tristeza.

¹⁴ El de corazón descarriado se saciará de sus
caminos,
Pero el hombre bueno estará satisfecho con el suyo.

¹⁵ El simple todo lo cree,
Pero el prudente mira bien sus pasos.

¹⁶ El sabio teme y se aparta del mal,
Pero el necio es arrogante y descuidado.

¹⁷ El hombre pronto a la ira obra neciamente,
Y el hombre de malos designios es aborrecido.

¹⁸ Los simples heredan necedad,
Pero los prudentes son coronados de conocimiento.

¹⁹ Los malos se inclinarán ante los buenos,
Y los impíos, a las puertas del justo.

²⁰ Aun por su vecino es odiado el pobre,
Pero muchos son los que aman al rico.

²¹ El que desprecia a su prójimo peca,
Pero es feliz el que se apiada de los pobres.

²² ¿No se perderán los que traman el mal?
Pero misericordia y verdad recibirán los que planean el
bien.

²³ En todo trabajo hay ganancia,
Pero el vano hablar conduce solo a la pobreza.

²⁴ La corona de los sabios es su riqueza,
Pero la necedad de los necios es insensatez.

²⁵ El testigo veraz salva vidas,
Pero el que habla mentiras es traidor.

²⁶ En el temor del Señor hay confianza segura,
Y a los hijos dará refugio.

²⁷ El temor del Señor es fuente de vida,
Para evadir los lazos de la muerte.

28 En la multitud del pueblo está la gloria del rey,
   Pero en la falta de pueblo está la ruina del príncipe.
29 El lento para la ira tiene gran prudencia,
   Pero el que es irascible ensalza la necedad.
30 Un corazón apacible es vida para el cuerpo,
   Pero las pasiones son podredumbre de los huesos.
31 El que oprime al pobre afrenta a su Hacedor,
   Pero el que se apiada del necesitado lo honra.
32 El impío es derribado por su maldad,
   Pero el justo tiene un refugio cuando muere.
33 En el corazón del prudente reposa la sabiduría,
   Pero en medio de los necios no se da a conocer.
34 La justicia engrandece a la nación,
   Pero el pecado es afrenta para los pueblos.
35 El favor del rey es para el siervo que obra sabiamente,
   Pero su enojo es contra el que obra vergonzosamente.

El pez por la boca muere

En la boca del necio hay una vara para su espalda,
Pero los labios de los sabios los protegerán.

(14:3)

La gente se jacta de decir «lo que le da la gana», como si fuera una cuasi virtud contemporánea que debe ser alabada porque uno está demostrando ser una persona transparente y «sin filtro». Sin embargo, decir todo lo que me pasa por la mente no necesariamente es sabio y mucho menos sinónimo de supuesta honestidad. Por el contrario, dejar que la lengua hable sin control ni consideración es realmente una necedad máxima que es condenada por toda la Biblia.

Las palabras que salen de tu boca están muy ligadas a la realidad de tu corazón. Uno puede esconder la necedad detrás de apariencias y hasta de silencios. Eso lo tiene bastante claro el maestro de sabiduría y por eso dice: «Aun el necio cuando calla, es tenido por sabio, cuando cierra los labios, por prudente» (17:28). Pero esto es algo meramente teórico que realmente no pasa en la vida del necio. Por el contrario, «El necio no se deleita en la prudencia, sino solo en revelar su corazón» (18:2).

Revelar por completo el corazón no es realmente algo positivo porque el corazón humano, tal como lo decía Jeremías, es engañoso y sin remedio (Jeremías 17:9). De seguro ya nosotros hemos vivido en carne propia o conocemos de alguien cercano o público que expuso su corazón sin frenos ni prudencia a través de un *tuit* que nunca debió enviar o de palabras mal dichas y que nunca debieron decirse en medio de una conversación. Lo cierto es que la necedad manifiesta a través de una lengua despiadada y sin frenos es la demostración de una vida con las mismas características, ya que «El sabio teme y se aparta del mal, pero el necio es arrogante y descuidado» (14:16).

Juntar la arrogancia, es decir, la altanería y la soberbia, con el descuido o la distracción de lo importante de la vida, es como unir dos elementos explosivos que producen una detonación nuclear que destruye todo lo que está alrededor. Esa es la razón por la que el maestro de sabiduría advierte que «En la boca del necio hay una vara para su espalda» (14:3a). Conozco personas que no solo hacen daño a otros, sino que se lo hacen muchísimo a sí mismos con sus propias palabras. Su supuesta «sinceridad» al expresarse no es más que la incapacidad absoluta de poder medir y controlar su corazón inmaduro y retorcido.

Es posible que hayamos condenado con justa razón al «bocón» que se «fue de boca» y causó múltiples heridas emocionales y espirituales con sus palabras a otras personas. Sin duda las palabras son como «golpes de espada» que pueden producir daños profundos en el alma del que recibe esa andanada de palabras sin control ni freno (12:18). Sin embargo, el maestro de sabiduría señala en el pasaje del encabezado que las palabras sin control pronunciadas por un necio pueden ser como un látigo para su propia espalda.

El necio puede ser despedido por faltarles el respeto a sus autoridades, puede quedarse absolutamente solo por proferir insultos despiadados contra su cónyuge o sus hijos, puede llegar a perder el respeto de sus amigos porque no supo respetarlos con sus palabras. Estas tienen siempre un efecto bumerán, porque tarde o temprano se vuelven en contra nuestra.

Alejarnos de la necedad también implica aprender a usar nuestras palabras para proteger a otros y a nosotros mismos. Lo opuesto a la boca flageladora del necio son los labios protectores de los sabios (14:3b). Podríamos excusarnos al decir que vivimos en un mundo repleto de palabras como espadas y, por lo tanto, debemos defendernos de la misma manera para poder sobrevivir. Sin embargo, tenemos un ejemplo sublime en nuestro Salvador. No fueron así de despiadadas las palabras sabias de nuestro Señor Jesucristo, de quien el apóstol Pedro dice:

«Porque para este propósito han sido llamados, pues también Cristo sufrió por ustedes, dejándoles ejemplo para que sigan Sus pasos, EL CUAL NO COMETIÓ PECADO, NI ENGAÑO ALGUNO SE HALLÓ EN SU BOCA; y quien cuando lo ultrajaban, no respondía ultrajando. Cuando padecía, no amenazaba, sino que se encomendaba a Aquel que juzga con justicia» (1 Pedro 2:21-23)

1 La suave respuesta aparta el furor,
   Pero la palabra hiriente hace subir la ira.
2 La lengua del sabio hace grato el conocimiento,
   Pero la boca de los necios habla necedades.
3 En todo lugar están los ojos del Señor,
   Observando a los malos y a los buenos.
4 La lengua apacible es árbol de vida,
   Pero la perversidad en ella quebranta el espíritu.
5 El necio rechaza la disciplina de su padre,
   Pero es prudente el que acepta la represión.
6 En la casa del justo hay mucha riqueza,
   Pero en las ganancias del impío hay turbación.
7 Los labios de los sabios esparcen conocimiento,
   Pero no así el corazón de los necios.
8 El sacrificio de los impíos es abominación al Señor,
   Pero la oración de los rectos es Su deleite.
9 Abominación al Señor es el camino del impío,
   Pero Él ama al que sigue la justicia.
10 La disciplina severa es para el que abandona el camino;
   El que aborrece la represión morirá.
11 El Seol y el Abadón están delante del Señor,
   ¡Cuánto más los corazones de los hombres!
12 El insolente no ama al que lo reprende,
   Ni se allegará a los sabios.
13 El corazón gozoso alegra el rostro,
   Pero en la tristeza del corazón se quebranta el espíritu.

14 El corazón inteligente busca conocimiento,
   Pero la boca de los necios se alimenta de necedades.
15 Todos los días del afligido son malos,
   Pero el de corazón alegre tiene un banquete continuo.
16 Mejor es poco con temor del Señor,
   Que gran tesoro con turbación.
17 Mejor es un plato de legumbres donde hay amor,
   Que buey engordado con odio.
18 El hombre irascible provoca riñas,
   Pero el lento para la ira apacigua pleitos.
19 El camino del perezoso es como un seto de espinos,
   Pero la senda de los rectos es una calzada.
20 El hijo sabio alegra al padre,
   Pero el hombre necio desprecia a su madre.
21 La necedad es alegría para el insensato,
   Pero el hombre inteligente anda rectamente.
22 Sin consulta, los planes se frustran,
   Pero con muchos consejeros, triunfan.
23 El hombre se alegra con la respuesta adecuada,
   Y una palabra a tiempo, ¡cuán agradable es!
24 La senda de la vida para el sabio es hacia arriba
   Para que se aparte del Seol que está abajo.
25 El Señor derribará la casa de los soberbios,
   Pero afianzará los linderos de la viuda.
26 Abominación al Señor son los planes perversos,
   Pero son puras las palabras agradables.
27 Perturba su casa el que tiene ganancias ilícitas,
   Pero el que aborrece el soborno, vivirá.
28 El corazón del justo medita cómo responder,
   Pero la boca de los impíos habla lo malo.
29 El Señor está lejos de los impíos,
   Pero escucha la oración de los justos.

[30] La luz de los ojos alegra el corazón,
Y las buenas noticias fortalecen los huesos.
[31] Aquel cuyo oído escucha las reprensiones de la vida
Morará entre los sabios.
[32] El que tiene en poco la disciplina se desprecia a sí
   mismo,
Pero el que escucha las reprensiones adquiere
   entendimiento.
[33] El temor del Señor es instrucción de sabiduría,
Y antes de la gloria está la humildad.

A cualquier precio...

Mejor es poco con temor del Señor,
Que gran tesoro con turbación.

(15:16)

Charles Foster Kane respondió con cierta franqueza cuando dijo: «[...] si yo no hubiera sido tan rico, podría haber sido realmente un gran hombre».[5] Lo que más me sorprende de la película *El ciudadano Kane* (1941), considerada como la mejor de todos los tiempos, es el retrato de un joven encantador, idealista y soñador que fue transformándose en un hombre hosco, despiadado e inmensamente solitario en la medida en que iba acumulando poder y riquezas con el paso de los años. Las imágenes finales de un hombre anciano enfermo, sin familia aunque rodeado de sirvientes y viviendo en una mansión inmensa llena de habitaciones y con cientos de artefactos y obras de arte sin siquiera haber sido sacadas de sus envoltorios es sumamente sombría.

Los seres humanos tenemos una relación muy complicada con las riquezas. La abundancia o ausencia de bienes o dinero siempre producirá alteraciones significativas y tendrá enormes consecuencias en nuestros corazones. Lo cierto es que la prosperidad material no es condenada en la Escritura, pero sí advierte sobre sus peligros, enseña también sobre su valor real y es muy enfática en señalar la forma correcta de alcanzarlas.

La necedad está muy asociada a la forma incorrecta de alcanzar los bienes materiales. El maestro de sabiduría deja muy en claro que la riqueza y las ganancias pueden estar tanto en la casa del justo como en la del necio. Sin embargo, la diferencia radica en que la riqueza del justo prevalece en el tiempo, pero las ganancias del necio producen «turbación» (15:6). ¿En qué sentido genera problemas el ingreso del necio en vez de prosperidad? Más adelante otro proverbio ofrece una respuesta bastante directa: «Perturba su casa el que tiene ganancias ilícitas, pero el que aborrece el soborno, vivirá» (15:27).

No es muy fácil interpretar lo que una «ganancia ilícita» era para un judío de hace varios miles de años. Sin embargo, no estamos lejos de imaginarlo, porque las artimañas necias siguen siendo las mismas a pesar del paso del tiempo. No somos ajenos a lo que significa obtener ganancias por medios que no están permitidos ni legal ni moralmente, aunque tratemos sin éxito de tapar el sol con un dedo y busquemos justificar lo injustificable (que ya es una necedad por mérito propio).

Me causa tristeza escuchar a personas jactarse neciamente de alguna ganancia obtenida porque fueron capaces de burlar la ley, engañar para dejar de pagar algún impuesto o simplemente porque vieron el «soborno», es decir, entregar dinero o regalos a alguien para obtener un beneficio ilícito, como algo que suele justificarse como «inevitable» en nuestra región. Es lamentable que este sentido de «inevitabilidad» de la corrupción nos lleve a llevar en silencio una vida necia, sí ¡necia!, que nos obliga a vivir en turbación espiritual y moral porque aprobamos, practicamos y no aborrecemos lo que el Señor condena y aborrece debido a que es destructivo para el alma humana y la sociedad en general. Debemos tener bien en claro que el maestro de sabiduría nos dice: «La necedad es alegría para el insensato, pero el hombre inteligente anda rectamente» (15:21).

Me parece que la respuesta del proverbista no radica tanto en la promoción de prácticas justas, sino que va más profundo y se centra en la realidad del corazón de la que puede fluir una ética sabia y saludable. El problema no se encuentra en las riquezas propiamente dichas, sino en la codicia humana y en los medios que un corazón necio se plantea, a veces hasta con alegría, para alcanzarlas. Por eso es posible dejar la necedad cuando cambiamos nuestra valoración, cuando descubrimos que no todo lo que brilla es oro y cuando el temor del Señor, es decir, la comunión con un Dios santo, es el bien más deseado por sobre cualquier otra cosa.

El maestro de sabiduría afirma entonces que lo «poco en el temor del Señor» es mejor que el tesoro alcanzado a cualquier precio. Uno es sabio cuando la sencillez de comer un «plato de legumbres» es mejor «donde hay amor», que disfrutar de una parrillada con carne Angus cuando uno está rodeado de «odio» (15:17).

Esta profunda transformación de los valores del corazón no es algo que puedas lograr por ti mismo, sino que solo es posible cuando dejas de ser ciudadano de este mundo para convertirte en ciudadano del reino de los cielos producto de la obra de Jesucristo anunciada en el evangelio. Solo así podrás pasar de la necedad a la sabiduría y entenderás lo que nuestro Señor dijo hace más de dos mil años atrás y sigue vigente para los cristianos en nuestros días:

No acumulen para sí tesoros en la tierra, donde la polilla y la herrumbre destruyen, y donde ladrones penetran y roban; sino acumulen tesoros en el cielo, donde ni la polilla ni la herrumbre destruyen, y donde ladrones no penetran ni roban; *porque donde esté tu tesoro, allí estará también tu corazón.* (Mateo 6:19-21, énfasis añadido)

Vida y conducta

1 Los propósitos del corazón son del hombre,
Pero la respuesta de la lengua es del Señor.

2 Todos los caminos del hombre son limpios ante sus
propios ojos,
Pero el Señor sondea los espíritus.

3 Encomienda tus obras al Señor,
Y tus propósitos se afianzarán.

4 Todas las cosas hechas por el Señor tienen su propio
fin,
Hasta el impío, para el día del mal.

5 Abominación al Señor es todo el que es altivo de
corazón;
Ciertamente no quedará sin castigo.

6 Con misericordia y verdad se expía la culpa,
Y con el temor del Señor el hombre se aparta del mal.

7 Cuando los caminos del hombre son agradables
al Señor,
Aun a sus enemigos hace que estén en paz con él.

8 Mejor es poco con justicia,
Que gran ganancia con injusticia.

9 La mente del hombre planea su camino,
Pero el Señor dirige sus pasos.

10 Decisión divina hay en los labios del rey;
En el juicio no debe errar su boca.

¹¹ El peso y las balanzas justas son del Señor;
Todas las pesas de la bolsa son obra Suya.

¹² Es abominación para los reyes cometer iniquidad,
Porque el trono se afianza en la justicia.

¹³ El agrado de los reyes son los labios justos,
Y amado será el que hable lo recto.

¹⁴ El furor del rey es como mensajero de muerte,
Pero el hombre sabio lo aplacará.

¹⁵ En el resplandor del rostro del rey hay vida,
Y su favor es como nube de lluvia tardía.

¹⁶ Adquirir sabiduría, cuánto mejor que el oro,
Y adquirir inteligencia es preferible a la plata.

¹⁷ La senda de los rectos es apartarse del mal;
El que guarda su camino preserva su alma.

¹⁸ Delante de la destrucción va el orgullo,
Y delante de la caída, la arrogancia de espíritu.

¹⁹ Mejor es ser de espíritu humilde con los pobres
Que dividir el botín con los soberbios.

²⁰ El que pone atención a la palabra hallará el bien,
Y el que confía en el Señor es bienaventurado.

²¹ El sabio de corazón será llamado prudente,
Y la dulzura de palabras aumenta la persuasión.

²² El entendimiento es fuente de vida para el que lo posee,
Pero la instrucción de los necios es necedad.

²³ El corazón del sabio enseña a su boca
Y añade persuasión a sus labios.

²⁴ Panal de miel son las palabras agradables,
Dulces al alma y salud para los huesos.

²⁵ Hay camino que al hombre le parece derecho,
Pero al final es camino de muerte.

²⁶ El apetito del trabajador para él trabaja,
Porque su boca lo impulsa.

²⁷ El hombre indigno planea el mal,
   Y sus palabras son como fuego abrasador.

²⁸ El hombre perverso provoca pleitos,
   Y el chismoso separa a los mejores amigos.

²⁹ El hombre violento provoca a su prójimo
   Y lo guía por camino que no es bueno.

³⁰ El que guiña los ojos lo hace para tramar perversidades;
   El que aprieta los labios ya hizo el mal.

³¹ La cabeza canosa es corona de gloria,
   Y se encuentra en el camino de la justicia.

³² Mejor es el lento para la ira que el poderoso,
   Y el que domina su espíritu que el que toma una
      ciudad.

³³ La suerte se echa en el regazo,
   Pero del Señor viene toda decisión.

Se hace camino al andar

La mente del hombre planea su camino,
Pero el Señor dirige sus pasos.

(16:9)

Es famosa la frase de Antonio Machado: «Caminante, no hay camino, se hace camino al andar».[6] La idea del «camino» es bastante recurrente en este poeta español, que usa esta palabra para señalar el transcurso de la vida y la dirección que va tomando producto de las decisiones y los actos personales. En otro de sus poemas habla del problema que surge cuando vamos neciamente por la vida, es decir, por nuestro camino de una forma descuidada, sin que haya un plan o siquiera un objetivo que nos mueva a transitar por el sendero con determinación y esfuerzo. Él lo expresa así de forma poética:

«Yo voy cantando, viajero
A lo largo del sendero...
"En el corazón tenía
la espina de una pasión;
logré sacármela un día:
ya no siento el corazón"».[7]

La palabra «camino» es tan importante que aparece más de sesenta veces en Proverbios, sin contar los sinónimos. La palabra hebrea indica tanto un sendero, camino, carretera, como también el curso, la dirección que uno toma o los pasos que uno va dando. Lo más importante es que Proverbios te hace responsable de tu caminar, de los pasos que des, de la dirección que tomes. Por eso la exhortación inicial es sumamente importante: «Fíjate en el sendero de tus pies, y todos tus caminos serán establecidos» (4:26).

Todos nosotros estamos caminando en alguna dirección, sin lugar a dudas. Mientras vivimos, estamos en movimiento permanente al tomar decisiones, trabajar o dejar de trabajar, establecer relaciones, decidir dónde vivir, con quién casarse y todas las micro y macrodecisiones que nos mueven en una u otra dirección todos los días.

Si somos responsables de nuestro caminar y vamos haciendo camino al andar, eso significa que la necedad o sabiduría del transeúnte impactará definitivamente a la senda que la vida vaya tomando. Eso es obvio, por lo que lo vemos en nuestras vidas y en las de los que nos rodean. Las decisiones de nuestro caminar tienen consecuencias y llevarán nuestras vidas en diferentes direcciones.

Una de las características que distinguen el camino del necio y el del sabio es la satisfacción que se llega a sentir durante el recorrido: «El camino del perezoso es como un seto de espinos, pero la senda de los rectos es como una calzada» (15:19). Es muy triste observar a alguien que siente que su caminar es como un campo minado plagado de infortunios, hoyos y quebrantos que solo hacen daño y que lo detienen o imposibilitan para avanzar con fluidez. Es muy diferente al camino de otros que parece que circulan con rapidez por una senda pavimentada, sin el menor bache y con una sonrisa en los labios. Pero debo enfatizar que la calidad del camino no es vista como algo inesperado o simplemente desafortunado, sino como el resultado del carácter necio del ocioso y el sabio del recto. El carácter del peatón vital parece que hace el camino insufrible o placentero.

De lo anterior puedo inferir que debes tomar tu camino en las manos y reconocer que el Señor te demandará la dirección que vaya tomando ese sendero. Salir de la necedad implica asumir la responsabilidad de tus decisiones y del rumbo de tu vida, dejando de culpar por todo a otros y, sobre todo, de afirmar neciamente que «como mi camino es mío, entonces ya por eso es bueno». Ese cliché se ha vuelto muy popular en nuestros días, pero deja una estela de fracasos y destrozos, porque cualquiera que navega sin mapa y deja de remar o sujetar su timón con fuerza y decisión jamás llegará a ningún puerto.

Salir de la necedad del camino es empezar reconociendo, en primer lugar, que mucha de la dirección que tome nuestra vida es producto de la realidad de nuestro corazón: «Todos los caminos del hombre son limpios ante sus propios ojos, pero el Señor sondea los espíritus» (16:2). Tendemos a calificarnos con la nota más alta en cualquier tarea que emprendemos y nos encanta ser jueces benevolentes de nuestro propio proceder, pero eso nunca será una garantía de que vamos en la dirección correcta. «Hay camino que al hombre le parece derecho, pero al final es camino de muerte» (16:25).

Nosotros somos, en realidad, criaturas dependientes de un Dios que conoce muy bien nuestros motivos y evalúa nuestras intenciones. Por eso tienes que dejar la necedad de pensar que «mi camino es el mejor porque es mío» y empezar a ser sabio al desplegar o poner delante de Dios tu senda para su aprobación previa y la manifestación de su voluntad. El maestro de sabiduría dice: «Encomienda tus obras al Señor, y tus propósitos se afianzarán» (16:3). Encomendar significa entregarle al Señor la autoridad y el cuidado de nuestras vidas: es pedirle con humildad su bendición y su dirección. Solo así nuestros planes o propósitos podrán afirmarse. En conclusión, eres sabio cuando pones delante de Dios tu viaje antes de emprenderlo y no necio cuando pides ser enrumbado de nuevo cuando ya estás, una vez más, perdido, herido y sin dirección.

En segundo lugar, somos sabios cuando buscamos con diligencia ser prudentes en nuestro camino: «La senda de los rectos es apartarse del mal; el que guarda su camino preserva su alma» (16:17). Otra frase necia y muy popular en nuestros días dice: «Tengo que aprender de mis propios errores». Aunque esta frase tiene algo de verdad, muchos la usan con el fin de permitirse acercarse al fuego y descubrir en su propia piel cuánto es capaz de quemarla. Los sabios, es decir, los que buscan lo correcto, planean su senda procurando que el mal les quede muy lejos. Por el contrario, el necio hará lo que un pastor amigo escuchó de otro al hablar de la necedad: «Si tienes problemas con el alcohol, no vayas a un bar a tomar un refresco». Más claro, ¡imposible!

En definitiva, somos sabios cuando nuestros caminos no solo nos permiten un viaje placentero, bendecido y cierto, sino que también nos asegura ir en paz y recibiendo gracia de los que se van cruzando con nosotros a lo largo de la vía. El maestro de sabiduría dice: «Cuando los caminos del hombre son agradables al Señor, aun a sus enemigos hace que estén en paz con él» (16:7). Eso me hace recordar que Jesucristo mismo es el «camino, la verdad y la vida» (Juan 14:6). Por lo tanto, no es tanto que mis enemigos o los malos se enternezcan conmigo y me tengan «buena onda», sino que yo decido caminar por la senda de Cristo, imitando su caminar, siguiendo sus pisadas, para que al ser como Él, mi caminar sea uno que «contribuye a la paz y a la edificación mutua» (Romanos 14:19).

1 Mejor es un bocado seco y con él tranquilidad,
  Que una casa llena de banquetes con discordia.

2 El siervo prudente prevalecerá sobre el hijo sin honra,
  Y con los hermanos participará de la herencia.

3 El crisol es para la plata y el horno para el oro,
  Pero el Señor prueba los corazones.

4 El malhechor escucha a los labios perversos;
  El mentiroso presta atención a la lengua detractora.

5 El que se burla del pobre afrenta a su Hacedor;
  El que se regocija de la desgracia no quedará sin castigo.

6 Corona de los ancianos son los nietos,
  Y la gloria de los hijos son sus padres.

7 No convienen al necio las palabras elocuentes,
  Mucho menos al príncipe los labios mentirosos.

8 Talismán es el soborno a los ojos de su dueño;
  Dondequiera que se vuelva, prospera.

9 El que cubre una falta busca afecto,
  Pero el que repite el asunto separa a los mejores amigos.

10 La reprensión penetra más en el que tiene entendimiento
   Que cien azotes en el necio.

11 El rebelde solo busca el mal,
   Y un cruel mensajero se enviará contra él.

12 Mejor es encontrarse con una osa privada de sus cachorros,
   Que con un necio en su necedad.

13 Al que devuelve mal por bien,
   El mal no se apartará de su casa.

¹⁴ El comienzo del pleito es como el soltar de las aguas;
Deja, pues, la riña antes de que empiece.

¹⁵ El que justifica al impío y el que condena al justo,
Ambos son igualmente abominación al Señor.

¹⁶ ¿De qué sirve el precio en la mano del necio para
comprar sabiduría
Cuando no tiene entendimiento?

¹⁷ En todo tiempo ama el amigo,
Y el hermano nace para tiempo de angustia.

¹⁸ El hombre falto de entendimiento se compromete,
Y sale fiador a favor de su prójimo.

¹⁹ El que ama la transgresión, ama el pleito;
El que alza su puerta, busca la destrucción.

²⁰ El de corazón perverso nunca encuentra el bien,
Y el de lengua pervertida cae en el mal.

²¹ El que engendra un necio, para su tristeza lo engendra,
Y el padre del necio no tiene alegría.

²² El corazón alegre es buena medicina,
Pero el espíritu quebrantado seca los huesos.

²³ El impío recibe soborno bajo el manto
Para pervertir las sendas del derecho.

²⁴ En presencia del que tiene entendimiento está la
sabiduría,
Pero los ojos del necio están en los extremos de la tierra.

²⁵ El hijo necio es pesadumbre de su padre
Y amargura para la que lo dio a luz.

²⁶ Ciertamente no es bueno multar al justo,
Ni golpear a los nobles por su rectitud.

²⁷ El que retiene sus palabras tiene conocimiento,
Y el de espíritu sereno es hombre entendido.

²⁸ Aun el necio, cuando calla, es tenido por sabio,
Cuando cierra los labios, por prudente.

Realmente torcidos

El crisol para la plata y el horno para el oro,
Pero el SEÑOR prueba los corazones.

(17:3)

Se me ocurrió buscar en el navegador la frase «inclinación al mal» y las respuestas no me sorprendieron, sino que confirmaron mis sospechas. Solo me bastó abrir unas pocas páginas entre los 36.9 millones de resultados para darme cuenta de que esta idea es básicamente considerada como un concepto religioso que, aparentemente, ya no tiene cabida en el mundo secular.

Desde el antiguo y casi académico concepto de que «el ser humano es bueno por naturaleza» al mensaje más popular de las redes sociales contemporáneas —«eres lo mejor del mundo y que nadie te diga lo contrario»— han pasado años, pero la idea fundamental es la misma: somos **BUENOS** (sí, con mayúsculas y negrita resaltada), así todo demuestre lo contrario. La humanidad ha dejado de tener una visión mínima objetiva de su realidad, para pasar a una visión idealizada que, por el poder de los sentimientos positivos, ya es una «realidad» en todos y cada uno de nosotros.

Sin embargo, tengo que actuar como aguafiestas y decir que la evidencia en contrario es muy fuerte como para dar un veredicto unánime de nuestra bondad absoluta e intrínseca. Por eso, el maestro de sabiduría usa la figura del crisol y el horno, los medios contundentes y drásticos que refinan la plata y el oro para dejarlos sin escorias, para ejemplificar que nuestra realidad no es tan limpia como parece desde un inicio. Sería una verdadera necedad tratar de probar nuestra bondad sin antes haber pasado por el proceso de refinación necesaria y dolorosa. Nada que valga la pena ocurre de la noche a la mañana. Todo lo que realmente es valioso tiene una cuota de transpiración e inmensa dedicación. Aun el carácter se forja en la realidad de la vida porque somos pusilánimes y no superhéroes por naturaleza.

En el mismo sentido, el examen de nuestra propia valía y rendimiento no puede ser certificado por nosotros mismos, ni siquiera por otros humanos, sino que el que realiza el examen es nuestro Creador, el Señor mismo y bajo los estándares soberanos con los que nos creó para su gloria. En tiempos en que nos gusta ser el árbitro de nuestro propio partido y el jurado de nuestro propio concurso de canto, se nos hace difícil la idea de que somos examinados por Dios mismo y no por nuestra percepción egoísta, subjetiva y sentimental.

Para poder salir de una necedad que nos encumbra, sin que tengamos plataforma en la cual sostenernos, es importante reconocer que la inclinación al mal está dentro de nosotros y no que es simplemente una influencia externa que nos persigue. Por ejemplo: «El malhechor escucha a los labios perversos; el mentiroso presta atención a la lengua detractora» y «El de corazón perverso nunca encuentra el bien, y el de lengua pervertida cae en el mal» (17:4; 20). Como puedes notar, tanto el malhechor como el mentiroso actúan de acuerdo con su torcida naturaleza interior y, por lo tanto, suelen «escuchar» y «prestar atención» a aquello que resuena en sus oídos inclinados al mal.

Solo podremos dejar la necedad cuando reconozcamos nuestra inclinación natural hacia lo torcido y dejemos de culpar a todo y a todos los demás por nuestros problemas. Si queremos erradicarlos, entonces debemos enfrentarlos desde dentro, en nosotros mismos y delante del Señor.

Tendemos a alabarnos por nuestras dotes musicales, deportivas o morales porque cambiamos neciamente la realidad por el ideal soñado. Solemos afirmar casi como un mantra: «Soy lo que quiero ser y... como lo quiero... ¡lo soy!». Nada más necio. Muchas veces hubiera querido usar esa fórmula para pasar el examen de matemáticas diciendo: «Soy un genio como Einstein y que nadie diga lo contrario», pero la verdad es que —cuando salgo del terreno del mero sentimentalismo al de la realidad— nunca funciona. Si me la pasé en los videojuegos y ni abrí el cuaderno, el mantra no funciona ni tampoco sirve declarar *sueñofóbicos* a los que me reprocharon mi falta de estudios. Imagino que algo así habrás experimentado alguna vez.

El maestro de sabiduría hace una invitación contundente: «En presencia del que tiene entendimiento está la sabiduría, pero los ojos del necio están en los extremos de la tierra» (17:24). Si sigues divagando en tus pensamientos y dejando que vaguen sin dirección —solo buscando justificar lo injustificable— nunca podrás salir de la necedad. Solo hallará la sabiduría quien tiene «entendimiento» (así sea doloroso) de su propia realidad. Esa palabra en el original es lo opuesto de la divagación y la superficialidad porque tiene que ver con una búsqueda cuidadosa, un análisis concienzudo, el uso del discernimiento para poder desentrañar la verdad y no solo buscar «mi verdad subjetiva sentimental».

Una vez más aprendemos que esta demanda para pasar de la necedad a la sabiduría no la puedes alcanzar por ti solo. Permanecerías engañado en tu maldad, maquillada de supuesta bondad, si no fuera porque el Señor Jesucristo vino a mostrarte la verdad de lo que eres en realidad. Aunque el veredicto no sea nada agradable y hasta repudiable para esta generación necia y vanidosa, sin embargo, Él vino a «buscar y a salvar lo que se había perdido» (Lucas 19:10).

Delante de Él no necesitamos ocultar la realidad de nuestras vidas bajo *Photoshop*, cirugías plásticas o superficialidades necias. El Señor no quiere darles simples *likes* a tus fotos, sino transformar tu corazón para hacerlo como el de Él, porque como bien lo dijo Pablo:

De modo que si alguno está en Cristo, nueva criatura es; las cosas viejas pasaron, ahora han sido hechas nuevas. (2 Corintios 5:17)

1 El que vive aislado busca su propio deseo,
Contra todo consejo se encoleriza.

2 El necio no se deleita en la prudencia,
Sino solo en revelar su corazón.

3 Cuando llega el impío, llega también el desprecio,
Y con la deshonra viene la afrenta.

4 Aguas profundas son las palabras de la boca del hombre;
Arroyo que fluye, la fuente de la sabiduría.

5 No es bueno mostrar preferencia por el impío,
Para ignorar al justo en el juicio.

6 Los labios del necio provocan riña,
Y su boca llama a los golpes.

7 La boca del necio es su ruina,
Y sus labios una trampa para su alma.

8 Las palabras del chismoso son como bocados deliciosos,
Y penetran hasta el fondo de las entrañas.

9 También el que es negligente en su trabajo
Es hermano del que destruye.

10 El nombre del Señor es torre fuerte,
A ella corre el justo y está a salvo.

11 La fortuna del rico es su ciudad fortificada,
Y como muralla alta en su imaginación.

12 Antes de la destrucción el corazón del hombre es altivo,
Pero a la gloria precede la humildad.

13 El que responde antes de escuchar,
Cosecha necedad y vergüenza.

14 El espíritu del hombre puede soportar su enfermedad,
   Pero el espíritu quebrantado, ¿quién lo puede
      sobrellevar?
15 El corazón del prudente adquiere conocimiento,
   Y el oído del sabio busca el conocimiento.
16 La dádiva del hombre le abre camino
   Y lo lleva ante la presencia de los grandes.
17 Justo parece el primero que defiende su causa
   Hasta que otro viene y lo examina.
18 La suerte pone fin a los pleitos
   Y decide entre los poderosos.
19 El hermano ofendido es más difícil de ganar que una
      ciudad fortificada,
   Y los pleitos son como cerrojos de fortaleza.
20 Con el fruto de su boca el hombre sacia su vientre,
   Con el producto de sus labios se saciará.
21 Muerte y vida están en poder de la lengua,
   Y los que la aman comerán su fruto.
22 El que halla esposa halla algo bueno
   Y alcanza el favor del Señor.
23 El pobre habla suplicando,
   Pero el rico responde con dureza.
24 El hombre de muchos amigos se arruina,
   Pero hay amigo más unido que un hermano.

La necedad duele

El espíritu del hombre puede
soportar la enfermedad,
Pero el espíritu quebrantado,
¿quién lo puede sobrellevar?

(18:14)

Los especialistas médicos dicen que el dolor físico es considerado como una «alarma» que gatilla los recursos necesarios para que el cuerpo reaccione y enfrente el daño presente. En ese sentido, el dolor no es un enemigo, como podría suponerse a primera vista, sino un grito de auxilio oportuno ante una emergencia de salud. Sin embargo, la humanidad ha buscado escapar del dolor a través de todos los medios posibles. Ya Hipócrates y Galeno, los famosos médicos griegos, intentaron desarrollar anestésicos que aliviaran el dolor de sus pacientes.

Es conocida la historia de Horace Wells y sus experimentos en Boston con el óxido nitroso a mediados del siglo XIX. Todo acaba en tragedia cuando es invitado a hacer una demostración del analgésico con un paciente al que había que extraerle una muela. Por alguna razón, el analgésico no surtió efecto y el paciente lanzó alaridos de dolor. Wells fracasó, se le consideró un farsante y su carrera cayó en descrédito. Algunas fuentes señalan que no pudo reponerse a su debacle profesional y se suicidó tiempo después.

El traspié de Wells fue subsanado por otros científicos y la humanidad encontró la manera de calmar el dolor físico con analgésicos con tal éxito que ya lo hubieran querido disfrutar las generaciones anteriores que lo sufrieron y lloraron sin remedio alguno. No puedo imaginar una caries dental, una pierna quebrada o una herida abierta sin que se pueda combatir el dolor incontrolable.

Sin embargo, no solo existe el dolor físico, el maestro de sabiduría también se refiere a otra clase de dolor, uno anímico en el fondo del corazón. Él habla del «espíritu quebrantado» que, en palabras del propio maestro, es muy difícil de soportar. Nuestro *espíritu o alma*, cuando está firme, puede soportar mucho dolor, pero cuando se experimenta una calamidad que es como azotes o golpes de castigo, el dolor se vuelve insoportable y *el alma se quiebra*.

Es cierto que no estamos exentos de diversas clases de quebrantos dolorosos, pero también debemos reconocer que muchos de ellos nos los propinamos nosotros mismos por nuestra necedad. Lo que acabo de decir no es muy popular porque la cultura contemporánea exalta una victimización extrema que le da algo de *glamur* a un sufrimiento del que se presume que todos (menos uno mismo) son culpables, los presentes, los ausentes, los de hoy y también los del pasado.

No podemos negar el dolor que se origina en la injusticia que nos rodea y del que solo podríamos ser víctimas. Sin embargo, quisiera hablar del dolor del quebranto producido por nuestra propia necedad. Por ejemplo, sufrimos cuando nuestra necedad hace que nos enfrasquemos en problemas dolorosos con el prójimo:

Los labios del necio provocan riña,
Y su boca llama a los golpes.
La boca del necio es su ruina,
Y sus labios una trampa para su alma.
(18:6-7)

¡Cuántas veces se hace realidad en nuestras vidas el dicho popular: «El pez por la boca muere»! Nuestras propias palabras pueden causar mucho daño cuando son expresadas con violencia, sin sabiduría ni control. El maestro de sabiduría usa palabras muy ilustrativas para mostrar el daño doloroso que pueden causar las palabras necias: riña, golpes, ruina y trampa. De seguro notas cómo la necedad provoca un dolor que va *in crescendo*. Todo empieza con un intercambio fuerte de palabras (riña), luego se pasa al daño físico (golpes). Los dos aspectos finales son lapidarios y tienen que ver con perder o destruirlo todo (ruina) y con entregar finalmente la libertad (trampa). Todos los dolores mencionados hasta serán tu propia responsabilidad si es que son producto de la necedad de tu boca.

Otro tipo de necedad dolorosa es la que se produce producto del aislamiento y la falta de consejo. Hoy está de moda una necedad inmensamente dolorosa que se caracteriza por una actitud que dice: «Lo sé todo» y «No necesito a nadie más que a mí». El maestro de sabiduría lo presenta así: «El que vive aislado busca su propio deseo, contra todo consejo se encoleriza» (18:1). Una paráfrasis lo expresa de la siguiente manera: «La gente poco amistosa solo se preocupa de sí misma; se opone al sentido común» (NTV). Podría sonar contradictorio, pero mientras más egoísta eres, no es que tendrás más, sino que serás más propenso al aislamiento doloroso e infructuoso. No hemos sido creados para fructificar en solitario, sino para reverdecer como resultado de la interacción, la entrega y la disposición a la colaboración mutua. El egoísmo es doloroso porque al quedar encerrado en tus propios pensamientos irás perdiendo simplemente el sentido común (corporativo).

Nuestro Señor Jesucristo no dejó de advertirnos en cuanto a la presencia omnipresente del sufrimiento en este orbe caído. Sus palabras son tan claras que no hay forma de que nos sumemos a la idea de un mundo de fantasía que no existe: «Estas cosas les he hablado para que en Mí tengan paz. En el mundo tienen tribulación; pero confíen, Yo he vencido al mundo» (Juan 16:33). No podremos vencer el dolor anímico por nosotros mismos, porque somos propensos a crearlo y vivimos en un mundo en donde el dolor se fabrica y distribuye en cada rincón. Por eso debemos ser sabios y reconocer que la paz que tanto ansiamos está en Él y, entonces, ante el peligro inminente de sufrir, simplemente nos abrazamos con fuerza al Señor porque...

> El nombre del Señor es torre fuerte,
> A ella corre el justo y está a salvo.
> (18:10)

¹ Mejor es el pobre que anda en su integridad
   Que el de labios perversos y necio.

² Tampoco es bueno para una persona carecer de
      conocimiento,
   Y el que se apresura con los pies peca.

³ La insensatez del hombre pervierte su camino,
   Y su corazón se irrita contra el Señor.

⁴ La riqueza añade muchos amigos,
   Pero el pobre es separado de su amigo.

⁵ El testigo falso no quedará sin castigo,
   Y el que cuenta mentiras no escapará.

⁶ Muchos buscan el favor del generoso,
   Y todo hombre es amigo del que da.

⁷ Todos los hermanos del pobre lo aborrecen,
   ¡Cuánto más sus amigos se alejarán de él!
   Los persigue con palabras, pero ellos se han ido.

⁸ El que adquiere cordura ama su alma;
   El que guarda la prudencia hallará el bien.

⁹ El testigo falso no quedará sin castigo,
   Y el que cuenta mentiras perecerá.

¹⁰ Al necio no conviene la vida de lujo;
   Mucho menos a un siervo gobernar a los príncipes.

¹¹ La discreción del hombre le hace lento para la ira,
   Y su gloria es pasar por alto una ofensa.

¹² Como rugido de león es la ira del rey,
   Y su favor como rocío sobre la hierba.

¹³ El hijo necio es ruina de su padre,
   Y gotera constante las contiendas de una esposa.

¹⁴ Casa y riqueza son herencia de los padres,
   Pero la mujer prudente viene del Señor.

¹⁵ La pereza hace caer en profundo sueño,
   Y el alma ociosa sufrirá hambre.

¹⁶ El que guarda el mandamiento guarda su alma,
   Pero el que desprecia sus caminos morirá.

¹⁷ El que se apiada del pobre presta al Señor,
   Y Él lo recompensará por su buena obra.

¹⁸ Disciplina a tu hijo mientras hay esperanza,
   Pero no desee tu alma causarle la muerte.

¹⁹ El hombre de gran ira llevará el castigo,
   Porque si tú lo rescatas, tendrás que hacerlo de nuevo.

²⁰ Escucha el consejo y acepta la corrección,
   Para que seas sabio el resto de tus días.

²¹ Muchos son los planes en el corazón del hombre,
   Mas el consejo del Señor permanecerá.

²² Lo que es deseable en un hombre es su bondad,
   Y es mejor ser pobre que mentiroso.

²³ El temor del Señor conduce a la vida,
   Para poder dormir satisfecho, sin ser tocado
         por el mal.

²⁴ El perezoso mete su mano en el plato,
   Y ni aun a su boca la llevará.

²⁵ Golpea al insolente y el ingenuo se volverá astuto,
   Pero reprende al que tiene inteligencia y ganará en
         conocimiento.

²⁶ El que asalta a su padre y echa fuera a su madre
   Es un hijo que trae vergüenza y desgracia.

²⁷ Cesa, hijo mío, de escuchar la instrucción,
   Y te desviarás de las palabras de sabiduría.

28 El testigo perverso se burla de la justicia,
   Y la boca de los impíos esparce iniquidad.
29 Los juicios están preparados para los insolentes,
   Y los azotes para la espalda de los necios.

Adquiere integridad porque no es gratis

Mejor es el pobre que anda en su integridad
Que el de labios perversos y necio.

(19:1)

S i hay un término que se usa demasiado al momento de promover cualquier candidatura, ya sea para un trabajo, una promoción o un cargo político, es la palabra «integridad». A los candidatos les encanta revestirse de «integridad» porque, en realidad, se trata de una característica en nuestro liderazgo muy urgente, pero, que, tristemente, está casi extinguida en la sociedad contemporánea. Aunque se verbaliza demasiado y se levanta como una bandera, hemos sido testigos incontables veces de cómo ese discurso de supuesta integridad se disipa entre sus proclamadores como el rocío de la mañana.

La superficialidad contemporánea, la necedad de creer que la verdad es un bien privado que no responde más que a los sentimientos particulares, el individualismo extremo y la trivialización y condenación de los valores judeocristianos ha erosionado el carácter personal, el cual ha quedado sin ejercitar y menos desarrollar, y ha quedado sujeto a sus propios vaivenes y sus sentimientos. C. S. Lewis lo explicaba de la siguiente manera:

> Apenas puede uno abrir un periódico sin que se le ponga delante la afirmación de que lo que nuestra civilización necesita es más «empuje» o dinamismo, o sacrificio personal, o «creatividad». En una especie de espeluznante simplismo, extirpamos el órgano y exigimos la función. Hacemos hombres sin nada en el pecho y esperamos de ellos virtud e iniciativa. Nos reímos del honor y nos sorprendemos de que haya traidores entre nosotros. Castramos y exigimos a los castrados que tengan prole.[8]

Simplemente hemos renunciado al desafío constante de salir de la necedad y formar, en primer lugar, nuestro propio carácter sabio y también, en segundo lugar, no huirle a nuestra responsabilidad para que las nuevas generaciones dejen de ser necias y se esfuercen para alcanzar la sabiduría para vivir con dedicación, esfuerzo y diligencia. Ahora celebramos la necedad del que simplemente «es como es», exaltamos las fallas de carácter y las elevamos como «originalidad», todos quieren ser «diferentes y únicos», aunque eso signifique casi hacer el ridículo en frente de todo el mundo. Como lo decía G. K. Chesterton: «El hombre estaba destinado a dudar de sí; pero no de la verdad; ha sucedido precisamente lo contrario.».[9]

Una de las cosas que me llama la atención del proverbio titular es que habla de la integridad como algo adquirido cuando dice: «*su* integridad». El maestro de sabiduría le da tal valor a la integridad propia que llega a decir algo realmente paradójico: basta que un pobre, es decir, alguien que carece de lo esencial en la vida, tenga como única propiedad *su* integridad, para que sea mucho mejor que un adulador y palabrero necio.

Es interesante que la palabra hebrea que se traduce como «integridad» en la NBLA tiene diferentes traducciones que muestran las diversas aristas de este término tan elusivo: honrado (NVB), honesto (NTV), intachable (NVI), conducta recta (BLP) y sencillez (RVA). Puedo darme cuenta de que todos estos términos hablan de alguien que ha formado su carácter y, por lo tanto, está buscando cerrar las brechas contradictorias, lucha con sus debilidades y trata de tener una vida coherente y sabia. Todos estos factores no se obtienen solo deseándolos ni por arte de magia. Una vida íntegra se consigue en el fragor de la batalla permanente e inacabable con uno mismo y contra su propia necedad.

Trabajar duro para adquirir tu propia integridad es una demanda crucial para ti en estos tiempos tan confusos. Ten en cuenta nuevamente que adquirir integridad no es gratis y no es una búsqueda para los veranos o los tiempos libres. No, la advertencia está dada: «Cesa, hijo mío, de escuchar la instrucción, y te desviarás de las palabras de sabiduría» (19:27). Si no persistes, te pierdes. Solo podrás mantener el curso recto en medio de este mar tormentoso cuando tu búsqueda de sabiduría sea permanente y esforzada.

Es posible que sientas que las enormes presiones de la cultura, los amigos y simplemente tu propia necedad no te permite tener las fuerzas suficientes para enfrentar ese huracán y menos lograr fortalecer la integridad en tu propia persona. Si fuera una tarea basada solo en tus fuerzas, pues ya puedes declararte derrotado y sería mejor que tires la toalla antes de ser masacrado. Pero no estás solo en este propósito. Cuando fuiste a Cristo y te permitió verlo como Salvador y Señor de tu vida, Él empezó una obra que ha prometido culminar en sus fuerzas, no en las tuyas. Entonces ora con Pablo para que puedas ver con absoluta claridad que el Señor ya ha dispuesto el rumbo, el carácter y la fortaleza en Cristo para tu vida. El apóstol lo describió así:

> Mi oración es que los ojos de su corazón les sean iluminados, para que sepan cuál es la esperanza de Su llamamiento, cuáles son las riquezas de la gloria de Su herencia en los santos, y cuál es la extraordinaria grandeza de Su poder para con nosotros los que creemos, conforme a la eficacia de la fuerza de Su poder. (Efesios 1:18-19)

PROVERBIOS 20

1 El vino es provocador, la bebida fuerte alborotadora,
  Y cualquiera que con ellos se embriaga no es sabio.

2 Como rugido de león es el furor del rey,
  El que lo provoca a ira pone en peligro su propia vida.

3 Es honra para el hombre evitar las discusiones,
  Pero cualquier necio se enredará en ellas.

4 Desde el otoño, el perezoso no ara,
  Así que pide durante la cosecha, pero no hay nada.

5 Como aguas profundas es el consejo en el corazón del
     hombre,
  Y el hombre de entendimiento lo sacará.

6 Muchos hombres proclaman su propia lealtad,
  Pero un hombre digno de confianza, ¿quién
     lo hallará?

7 El justo anda en su integridad;
  ¡Cuán dichosos son sus hijos después de él!

8 El rey que se sienta sobre el trono del juicio,
  Disipa con sus ojos todo mal.

9 ¿Quién puede decir: «Yo he limpiado mi corazón,
  Limpio estoy de mi pecado»?

10 Pesas desiguales y medidas desiguales,
   Ambas cosas son abominables al Señor.

11 Aun por sus hechos un muchacho se da a conocer
   Si su conducta es pura y recta.

12 El oído que oye y el ojo que ve,
   Ambos los ha hecho el Señor.

13 No ames el sueño, no sea que te empobrezcas;
Abre tus ojos y te saciarás de pan.

14 «Malo, malo», dice el comprador,
Pero cuando se marcha, entonces se jacta.

15 Hay oro y abundancia de joyas,
Pero cosa más preciosa son los labios con
conocimiento.

16 Tómale la ropa al que sale fiador del extraño;
Y tómale prenda por los extranjeros.

17 El pan obtenido con falsedad es dulce al hombre,
Pero después su boca se llenará de grava.

18 Los proyectos con consejo se preparan,
Y con dirección sabia se hace la guerra.

19 El que anda murmurando revela secretos,
Por tanto, no te asocies con el chismoso.

20 Al que maldice a su padre o a su madre,
Se le apagará su lámpara en medio de las tinieblas.

21 La herencia adquirida de prisa al principio,
No será bendecida al final.

22 No digas: «Yo pagaré mal por mal»;
Espera en el Señor, y Él te salvará.

23 Pesas desiguales son abominación al Señor,
Y no está bien usar una balanza falsa.

24 Por el Señor son ordenados los pasos del hombre,
¿Cómo puede, pues, el hombre entender su
camino?

25 Lazo es para el hombre decir a la ligera: «Es santo»,
Y después de los votos investigar.

26 El rey sabio avienta a los impíos,
Y hace pasar la rueda de trillar sobre ellos.

27 Lámpara del Señor es el espíritu del hombre
Que escudriña lo más profundo de su ser.

28 Lealtad y verdad guardan al rey,
  Y por la justicia sostiene su trono.
29 La gloria de los jóvenes es su fuerza,
  Y la honra de los ancianos, sus canas.
30 Los azotes que hieren limpian del mal,
  Y los golpes llegan a lo más profundo del cuerpo.

La necedad es paralizante y estéril

Desde el otoño, el perezoso no ara,
Así que pide durante la cosecha, pero no hay nada.

(20:4)

José María Pemán (1897-1981) fue un poeta, ensayista, dramaturgo y periodista español que escribió sobre la vida en una forma bastante controversial. Lo recuerdo únicamente porque, siendo niño, memoricé unos versos suyos que me han acompañado el resto de mi vida. Esos versos son como una exhortación constante preservada en mi memoria para que no permita que mi pequeña parcela de «barro», que el Señor me ha concedido por un breve lapso de tiempo, quede sin fructificar por mi falta de esfuerzo o empeño.

El poema se titula «Meditación al amanecer». Es bastante largo y versa sobre el tiempo de la siembra en el campo (sementera) y cómo el trabajo del agricultor se mezcla con la providencia de la tierra que es fértil y luego da fruto. Él reconoce y se asombra con la prodigalidad de la tierra, por lo que dice: «Jamás una flor sencilla nos negó la maravilla que en sus pétalos encierra, jamás le negó la tierra su calor a la semilla». Por eso se pregunta si su vida puede quedarse atrás sin cosecha ni fruto si también el

Señor le ha dado una vida que también debería florecer y fructificar: «¿Me resignaré a ser menos que la tierra y que la flor?». Estos son los versos aprendidos en la niñez y que nunca se han disipado de mi memoria:

> La vida que no florece,
> y es estéril y escondida,
> y ni fecunda y crece,
> es vida que no merece
> el santo nombre de vida.

Todos nacemos con innumerables posibilidades de fructificación. No todos sembraremos las mismas semillas en nuestras pequeñas parcelas de barro, pero todos —de una manera u otra—, no nos quedaremos con un simple terreno eriazo. Observar el salto de 71 centímetros que llevó a Cristiano Ronaldo a elevarse a 2,56 metros de altura para meter un gol de cabeza es justamente «fruto» de su entrenamiento y su diligencia deportiva. Es evidente que resaltamos este tipo de rendimiento deportivo porque es bastante visible y lo mismo podemos hacer con un prodigio musical que nos deleita con su capacidad para ejecutar el piano o con una bailarina que nos sorprende con su agilidad y ligereza en la danza. Ni el futbolista, el pianista ni la bailarina nacieron dominando su arte. Alcanzaron la maestría luego de interminables horas de prácticas, ensayos y privaciones que resultaron dando fruto. No quisiera dejar de decir que lo mismo ocurre con el dentista, el abogado, el obrero de construcción o con mi abuelita en la cocina. Todos podemos fructificar y hacer que las buenas semillas crezcan en nuestra pequeña porción de tierra concedida por el Señor.

¡Fuimos creados para fructificar! Eso lo dice el maestro de sabiduría cuando señala: «Aun por sus hechos un muchacho se da a conocer si su conducta es pura y recta» (20:11). Por eso la necedad es un drama inmenso, porque hace que sus poseedores no hagan el trabajo necesario para fructificar en la vida. El texto del encabezado nos dice que el necio, en este caso en la forma del perezoso, menosprecia las posibilidades de fructificar al dejar pasar el tiempo de la siembra para luego «pedir» cuando ya no consiguió lo que otros cosechan porque sembraron a tiempo.

El trabajo agrícola no era fácil en los tiempos bíblicos. La preparación de una tierra pedregosa y el sembrado requerían de mucho esfuerzo físico. El agricultor también tenía que estar atento al período de lluvias limitado a una sola época del año, la que no siempre era estable. Dado que las lluvias empezaban al final del otoño, el agricultor las esperaba con ansias para suavizar el terreno y ararlo. Si dejaba pasar la oportunidad, como lo hace el perezoso, simplemente no podía hacerlo después. Por eso el maestro de sabiduría dice: «No ames el sueño, no sea que te empobrezcas; abre tus ojos y te saciarás de pan» (20:13).

Es interesante que el consejo sea «abrir los ojos». La necedad del perezoso le impide ver lo que para otros es evidente, pero no porque carezca de visión, ya que «el oído que oye y el ojo que ve, ambos los ha hecho el Señor» (20:12). El necio perezoso no carece de nada que tenga el sabio y el diligente. Ambos han sido provistos con todo lo necesario por el Señor. El único problema es la actitud y la disposición a esforzarse y a trabajar duro. ¡Nada más!

Es muy importante recordar que los cristianos somos fértiles y fructíferos por la obra de Cristo a nuestro favor. Él dijo: «Ustedes no me escogieron a Mí, sino que Yo los escogí a ustedes, y los designé para que vayan y den fruto, y que su fruto permanezca» (Juan 15:16a). Ese fruto se manifestará en nuestro carácter y también en nuestras obras, para la gloria de Dios. No dejemos que la necedad de la pereza nos deje como un terreno baldío, sino busquemos que nuestra pequeña parcela dé fruto a treinta, a sesenta y a ciento por uno.

1 Como canales de agua es el corazón del rey en la mano
del Señor;
Él lo dirige donde le place.

2 Todo camino del hombre es recto ante sus ojos,
Pero el Señor sondea los corazones.

3 El hacer justicia y derecho
Es más deseado por el Señor que el sacrificio.

4 Los ojos altivos y el corazón arrogante,
Y la lámpara de los impíos son pecado.

5 Los proyectos del diligente ciertamente son ventaja,
Pero todo el que se apresura, ciertamente llega a la
pobreza.

6 Conseguir tesoros con lengua mentirosa
Es un vapor fugaz, es buscar la muerte.

7 La violencia de los impíos los arrastrará,
Porque se niegan a obrar con justicia.

8 Torcido es el camino del pecador
Mas el proceder del limpio es recto.

9 Mejor es vivir en un rincón del terrado
Que en una casa con mujer rencillosa.

10 El alma del impío desea el mal;
Su prójimo no halla favor a sus ojos.

11 Cuando el insolente es castigado, el simple se hace
sabio;
Pero cuando se instruye al sabio, adquiere
conocimiento.

¹² El justo observa la casa del impío,
Llevando al impío a la ruina.

¹³ El que cierra su oído al clamor del pobre,
También él clamará y no recibirá respuesta.

¹⁴ Una dádiva en secreto aplaca la ira,
Y el soborno bajo el manto, el furor violento.

¹⁵ El cumplimiento de la justicia es gozo para el justo,
Pero terror para los que obran iniquidad.

¹⁶ El hombre que se aparta del camino del saber
Reposará en la asamblea de los muertos.

¹⁷ El que ama el placer será pobre;
El que ama el vino y los ungüentos no se enriquecerá.

¹⁸ El impío es rescate para el justo,
Y el malvado está en lugar de los rectos.

¹⁹ Mejor es habitar en tierra desierta
Que con mujer rencillosa y molesta.

²⁰ Tesoro precioso y aceite hay en la casa del sabio,
Pero el necio todo lo disipa.

²¹ El que sigue la justicia y la lealtad
Halla vida, justicia y honor.

²² El sabio escala la ciudad de los poderosos
Y derriba la fortaleza en que confiaban.

²³ El que guarda su boca y su lengua,
Guarda su alma de angustias.

²⁴ «Altivo», «arrogante» y «escarnecedor», son los nombres
Del que obra con orgullo insolente.

²⁵ El deseo del perezoso lo mata,
Porque sus manos rehúsan trabajar;

²⁶ Todo el día codicia,
Mientras el justo da y nada retiene.

²⁷ El sacrificio de los impíos es abominación,
Cuánto más trayéndolo con mala intención.

²⁸ El testigo falso perecerá,
Pero el hombre que escucha la verdad, hablará siempre.

²⁹ El hombre impío muestra audacia en su rostro,
Pero el recto asegura su camino.

³⁰ No vale sabiduría, ni entendimiento,
Ni consejo, ante el Señor.

³¹ Se prepara al caballo para el día de la batalla,
Pero la victoria es del Señor.

La necedad confunde
lo importante

El hacer justicia y derecho
Es más deseado por el Señor que el sacrificio.

(21:3)

Jesús sorprendió a sus oyentes cuando les dijo que un levita y un sacerdote fueron incapaces de mostrar misericordia por el pobre hombre herido a la vera del camino (Lucas 10:31-32). Se suponía que esos dos hombres dedicados a la religión y conocedores de los preceptos de las Escrituras debían estar bastante sensibilizados con el dolor y la necesidad humana... pero ese no fue el caso.

En otra ocasión, Jesús también asombró a sus oyentes cuando llamó la atención en público a los escrupulosos hombres religiosos de su tiempo al decirles que su inmensa religiosidad no era una excusa ni tampoco un sustituto del hacer justicia y derecho: «¡Ay de ustedes, escribas y fariseos, hipócritas que pagan el diezmo de la menta, del anís y del comino, y han descuidado los preceptos más importantes de la ley: la justicia, la misericordia y la fidelidad! Estas son las cosas que debían haber hecho, sin descuidar aquellas» (Mateo 23:23). Ese descuido era producto de prioridades equivocadas en cuanto a aquello que prioriza el mismo

Dios. Ese es justamente el énfasis del maestro de sabiduría, cuando dice que para el Señor que se haga justicia y derecho es más deseable que el ofrecer sacrificios (21:3).

Podrían sonar como sinónimas las palabras «justicia» y «derecho» y la contraposición con el «sacrificio» podría parecer una desvalorización divina del sacrificio religioso. Sin embargo, aun el sacrificio ofrecido es un acto que simboliza la enorme justicia de Dios y su deseo de encontrar un medio para justificarnos y acercarnos a Él. Lo cierto es que ni el sacrificio ni la actividad religiosa sustituirán nuestra responsabilidad de hacer justicia. La palabra que se traduce como «deseado» (en el encabezado) implica que se trata de una elección preferente, indica el orden de prioridades de Dios, como lo dijo el profeta Miqueas:

> ¿Con qué me presentaré al Señor
> Y me postraré ante el Dios de lo alto?
> ¿Me presentaré delante de Él con holocaustos
> Con becerros de un año? [...]
> Él te ha declarado, oh hombre, lo que es bueno.
> ¿Y qué es lo que demanda el Señor de ti,
> Sino solo practicar la justicia, amar la misericordia,
> Y andar humildemente con tu Dios?
> (Miqueas 6:6, 8)

Es evidente que se trata de una profunda necedad creer que basta el cumplimiento religioso solícito para sustituir la búsqueda de la justicia. La prioridad de la ética sobre el ritual se enseña por todas las Escrituras, como hemos visto en estos pocos pasajes. En el mismo sentido, la justicia y el derecho intentan mostrar la búsqueda de igualdad y disposición de ánimo para darle a cada uno lo que merece, no solo para cumplir con la letra de la ley, sino para basarse en los primeros y principales mandamientos del amor a Dios y al prójimo. Ese fundamento guiará la forma en que administraremos la justicia.

Dejar la necedad que nos hace confundir lo importante y desechar aquello que el Señor prioriza requiere que entendamos que el punto de partida para descubrir en qué se arraiga la injusticia no es solo la sociedad, la cultura, el gobierno, la política o el pesado de mi vecino, sino mi propio corazón. El maestro de sabiduría dice: «Torcido es el camino del pecador mas el proceder del limpio es recto» (21:8) y también «El alma del impío desea el mal; su prójimo no halla favor a sus ojos» (21:10). Un corazón injusto nunca se inclinará por la justicia y el bienestar de los suyos. Un corazón así solo podrá ser cambiado por la justicia de Cristo, que murió en la cruz del Calvario, como sacrificio perfecto, para el perdón de nuestros pecados y nuestra justificación.

Cuando somos revestidos con la justicia de Cristo, nuestros corazones son sensibilizados, se inclinan a la sabiduría y, por lo tanto: «El cumplimiento de la justicia es gozo para el justo, pero terror para los que obran iniquidad» (21:15). La sabiduría de una vida justa nos hará huir de la corrupción, amar y proteger al necesitado y defender la causa de la verdad. Podría sonar solo como un deber, pero: «El que sigue la justicia y la lealtad halla vida, justicia y honor» (21:21). Practicar la justicia es una demanda permanente y también una bendición resultante para los que la ejercen.

Quisiera finalizar con las palabras de Isaías, pronunciadas hace más de dos milenios y medio, para exhortarte con la misma amonestación que necesitaron escuchar hombres y mujeres como tú y como yo:

Lávense, límpiense,
Quiten la maldad de sus obras de delante de Mis ojos.
Cesen de hacer el mal.
Aprendan a hacer el bien,
Busquen la justicia,
Reprendan al opresor,
Defiendan al huérfano,
Aboguen por la viuda.
(Isaías 1:16-17)

¹ Más vale el buen nombre que las muchas riquezas,
Y el favor que la plata y el oro.

² El rico y el pobre tienen un lazo común:
A ambos los hizo el Señor.

³ El prudente ve el mal y se esconde,
Pero los simples siguen adelante y son castigados.

⁴ La recompensa de la humildad y el temor del Señor
Son la riqueza, el honor y la vida.

⁵ Espinos y lazos hay en el camino del perverso;
El que cuida su alma se alejará de ellos.

⁶ Instruye al niño en el camino que debe andar,
Y aun cuando sea viejo no se apartará de él.

⁷ El rico domina a los pobres,
Y el deudor es esclavo del acreedor.

⁸ El que siembra iniquidad segará vanidad,
Y la vara de su furor perecerá.

⁹ El generoso será bendito,
Porque da de su pan al pobre.

¹⁰ Echa fuera al insolente y saldrá la discordia,
Y cesarán también los pleitos y la ignominia.

¹¹ El que ama la pureza de corazón
Tiene gracia en sus labios, y el rey es su amigo.

¹² Los ojos del Señor guardan el conocimiento,
Pero Él confunde las palabras del engañador.

¹³ El perezoso dice: «Hay un león afuera;
Seré muerto en las calles».

14 Fosa profunda es la boca de las mujeres extrañas;
El que es maldito del Señor caerá en ella.

15 La necedad está ligada al corazón del niño,
Pero la vara de la disciplina lo alejará de ella.

16 El que oprime al pobre para engrandecerse,
O da al rico, solo llegará a la pobreza.

Preceptos y amonestaciones

17 Inclina tu oído y oye las palabras de los sabios,
Y aplica tu corazón a mi conocimiento;

18 Porque te será agradable si las guardas dentro de ti,
Para que estén listas en tus labios.

19 Para que tu confianza esté en el Señor,
Te he instruido hoy a ti también.

20 ¿No te he escrito cosas excelentes
De consejo y conocimiento,

21 Para hacerte saber la certeza de las palabras de verdad
A fin de que respondas correctamente al que te ha
enviado?

22 No robes al pobre, porque es pobre,
Ni aplastes al afligido en la puerta;

23 Porque el Señor defenderá su causa
Y quitará la vida de los que los despojan.

24 No te asocies con el hombre iracundo,
Ni andes con el hombre violento,

25 No sea que aprendas sus maneras
Y tiendas lazo para ti mismo.

26 No estés entre los que dan fianzas,
Entre los que salen de fiadores de préstamos.

27 Si no tienes con qué pagar,
¿Por qué han de quitarte la cama de debajo de ti?

28 No muevas el lindero antiguo
Que pusieron tus padres.

29 ¿Has visto un hombre diestro en su trabajo?
Estará delante de los reyes;
No estará delante de hombres sin importancia.

El necio no aprende de los límites saludables

Inclina tu oído y oye las palabras de los sabios,
Y aplica tu corazón a mi conocimiento;
Porque te será agradable si las guardas dentro de ti,
Para que estén listas en tus labios.

(22:17-18)

La necedad está íntimamente ligada a la ignorancia. Aunque la ignorancia es un mal que combatimos con instrucción, el problema es que cuando se mezcla con la necedad se trata de una ignorancia terca, manifestada a propósito, una de la que el necio no quiere deshacerse, sino que —por el contrario— se envalentona a causa de su falta de conocimiento, por lo que no busca aprender ni un ápice de sus errores, dolores o experiencias.

Los consejos en cuanto a la ignorancia necia son evidentes en Proverbios: «El prudente ve el mal y se esconde, pero los simples siguen adelante y son castigados. [...] Espinos y lazos hay en el camino del perverso; el que cuida su alma se alejará de ellos» (22:3, 5). Es muy interesante observar que los imprudentes (sinónimo de necio) no solo sufren el mal, sino que el maestro de sabiduría dice que los simples son «castigados». El castigo es una pena por un delito, no por un error, accidente o descuido. Eso significa que desafiar la realidad neciamente y sufrir las consecuencias se ve como una penalidad producto de nuestra terquedad, más que como un accidente fortuito. El necio no entiende que andar por la vida justificando sus necedades, simplemente porque está «aprendiendo de sus errores», no lo libra de las consecuencias (o castigos) de llevar una vida sin límites prudentes y saludables.

Por otro lado, el maestro de sabiduría dice que la vida del «perverso», es decir, alguien sumamente malo, torcido, que causa daño intencional, está plagada de espinos y lazos, ejemplificando con ello que sus acciones son perjudiciales y perniciosas. Por lo tanto, lo mejor para el sabio es no enredarse con él. Debe mantenerlo a prudente distancia por el bien de su alma. Como podrás notar, habrá tanto circunstancias como personas que puedan hacernos daño, pero, por nuestro bien, debemos «aprender» a evitarlas. Bueno, ese conocimiento adquirido resultará al alejarnos de la ignorancia necia que siempre nos acecha.

En el pasaje del encabezado vemos la manera en que la exhortación a que nos dispongamos a aprender de forma diligente siempre es motivada. «Inclina tu oído», «oye las palabras», «aplica tu corazón» y «las guardas dentro de ti» son frases que hablan de nuestra responsabilidad por aprender. Yo me inclino, oigo, aplico y guardo las enseñanzas. Todo eso es algo que nadie puede hacer por mí. Cuando me dispongo a aceptar las enseñanzas y asimilarlas con esfuerzo y dedicación, entonces el propósito docente se cumple y paso de la ignorancia a la sabiduría, como dice el maestro de sabiduría, pasan a estar «listas en [mis] labios». Además, algo sorprendente ocurre porque dejo de poner mi confianza en mí mismo, paso de la ignorancia necia y arrogante a algo que solo la instrucción realmente produce: «Para que tu confianza esté en el Señor, te he instruido hoy a ti también» (Proverbios 22:19).

El espíritu de los tiempos en que vivimos dificulta que las personas crean en el poder de un «no» válido. Más allá del rojo en el semáforo y algunos «no» enfáticos con respecto a lo que debemos evitar en las comidas, pareciera que los «no» se hubieran esfumado de nuestro lenguaje y que, en realidad, todo estuviera permitido. Si soñamos podemos ser lo que queramos, el cielo es el límite, que nadie se cruce en el camino de mis «sí», no aceptes un «no» por respuesta, y muchos otros clichés que invaden la atmósfera de las redes sociales y nos hacen creer que los «no» son casi una ofensa capital que solo busca impedir que lleguemos a lo más alto de nuestras potencialidades.

Sin embargo, los «no» son tan importante como los «sí». Así como un buen semáforo en rojo facilitará que todos podamos, finalmente, circular con seguridad y llegar a destino sin morir en el intento, de la misma manera el maestro de sabiduría establece una lista de «no» fundamentales para la vida que quisiera dejar contigo y que no creo que requieran mayor explicación:

No robes al pobre, porque es pobre,
Ni aplastes al afligido en la puerta;
Porque el Señor defenderá su causa
Y quitará la vida de los que los despojan.
(22:22-23)
No te asocies con el hombre iracundo,

Ni andes con el hombre violento,
No sea que aprendas sus maneras
Y tiendas lazos para ti mismo.
(22:24-25)

No estés entre los que dan fianzas,
Entre los que salen de fiadores de préstamos.
Si no tienes con qué pagar,
¿Por qué han de quitarte la cama de debajo de ti?
(22:26-27)

No muevas el lindero antiguo
Que pusieron tus padres.
(22:28)

Estos cuatro «no» son solo una muestra de cuán saludables son los límites para disfrutar una vida buena con sabiduría. El primero tiene que ver con un «no» que nos acerca a la misma disposición con Dios, que tiene cuidado de los pobres y los afligidos. El segundo «no» nos aleja de los iracundos y violentos, no por el daño que nos puedan causar, sino porque podemos aprender y validar sus formas. El tercer «no» nos guía a la prudencia en cuanto a no arriesgarnos a respaldar un crédito que nosotros no podamos pagar. Finalmente, el último «no» nos lleva a resguardar los límites establecidos por nuestros padres para nuestra protección, es decir, el respeto de nuestra propia historia que no es contada solo por nosotros, sino también —para bien o mal— por nuestros antepasados.

Nuestro Señor Jesucristo fue muy enfático con sus «no» por el bien nuestro. Sin embargo, no se trata simplemente de lo que no debemos hacer, al respecto Él dijo: «El que no está a Mi lado, contra Mí está; y el que a Mi lado no recoge, desparrama» (Lucas 11:23). Descubriremos nuestros límites saludables en la misma medida en que veamos que vivíamos sin límites separados de Él, que nos ofreció la liberación del castigo en la cruz y que nos invita a que caminemos a su lado mientras nos guía a vivir tal como Él vivió.

PROVERBIOS 23

1 Cuando te sientes a comer con un gobernante,
Considera bien lo que está delante de ti,
2 Y pon cuchillo a tu garganta
Si eres hombre de mucho apetito.
3 No desees sus manjares,
Porque es alimento engañoso.

4 No te fatigues en adquirir riquezas,
Deja de pensar en ellas.
5 Cuando pones tus ojos en ella, ya no está.
Porque la riqueza ciertamente se hace alas
Como águila que vuela hacia los cielos.

6 No comas el pan del egoísta,
Ni desees sus manjares;
7 Pues como piensa dentro de sí, así es él.
Él te dice: «Come y bebe»,
Pero su corazón no está contigo.
8 Vomitarás el bocado que has comido,
Y malgastarás tus cumplidos.

9 No hables a oídos del necio,
Porque despreciará la sabiduría de tus palabras.

10 No muevas el lindero antiguo,
Ni entres en la heredad de los huérfanos,

11 Porque su Redentor es fuerte;
   Él defenderá su causa contra ti.
12 Aplica tu corazón a la instrucción
   Y tus oídos a las palabras del conocimiento.

13 No escatimes la disciplina del niño;
   Aunque lo castigues con vara, no morirá.
14 Lo castigarás con vara,
   Y librarás su alma del Seol.

15 Hijo mío, si tu corazón es sabio,
   Mi corazón también se me alegrará;
16 Y se regocijarán mis entrañas
   Cuando tus labios hablen lo que es recto.

17 No envidie tu corazón a los pecadores,
   Antes vive siempre en el temor del Señor.
18 Porque ciertamente hay un futuro,
   Y tu esperanza no será cortada.
19 Escucha, hijo mío, y sé sabio,
   Y dirige tu corazón por el buen camino.
20 No estés con los bebedores de vino,
   Ni con los comilones de carne,
21 Porque el borracho y el glotón se empobrecerán,
   Y la vagancia se vestirá de harapos.

22 Escucha a tu padre, que te engendró,
   Y no desprecies a tu madre cuando envejezca.
23 Compra la verdad y no la vendas,
   Adquiere sabiduría, instrucción e inteligencia.

24 El padre del justo se regocijará en gran manera,
   Y el que engendra un sabio se alegrará en él.

25 Alégrense tu padre y tu madre,
   Y regocíjese la que te dio a luz.

26 Dame, hijo mío, tu corazón,
   Y que tus ojos se deleiten en mis caminos.
27 Porque fosa profunda es la ramera
   Y pozo angosto es la mujer desconocida.
28 Ciertamente ella acecha como ladrón,
   Y multiplica los infieles entre los hombres.

29 ¿De quién son los ayes? ¿De quién las tristezas?
   ¿De quién las luchas? ¿De quién las quejas?
   ¿De quién las heridas sin causa?
   ¿De quién los ojos enrojecidos?
30 De los que se demoran mucho con el vino,
   De los que van en busca de vinos mezclados.
31 No mires al vino cuando rojea,
   Cuando resplandece en la copa;
   Entra suavemente,
32 Pero al final muerde como serpiente,
   Y pica como víbora.
33 Tus ojos verán cosas extrañas,
   Y tu corazón proferirá perversidades.
34 Y serás como el que se acuesta en medio del mar,
   O como el que se acuesta en lo alto de un mástil.
35 Y dirás: «Me hirieron, pero no me dolió;
   Me golpearon, pero no lo sentí.
   Cuando despierte,
   Volveré a buscar más».

Es necio tener como meta ser rico

No te fatigues en adquirir riquezas,
Deja de pensar en ellas.
Cuando pones tus ojos en ella, ya no está.
Porque la riqueza ciertamente se hace alas
Como águila que vuela hacia los cielos.

(23:4-5)

Es casi seguro que más de uno de nosotros ha vislumbrado alguna vez su vida profesional como muy corta y bastante exitosa. Es probable que haya pensado algo así como «hacer la mayor cantidad de dinero en el menor tiempo posible para poder dedicarme (ahora sí) a lo que realmente me gusta o simplemente para ¡no hacer nada!». No es necesario que lo hayamos verbalizado en alguna ocasión —siendo jóvenes—, pero, en cuanto a que lo podemos haber pensado, es muy posible que lo hayamos hecho más de una vez.

Acumular riquezas, bienes, *souvenirs*, piedritas de la playa, historietas o *comics*, lapiceros o relojes, es muy humano. Tenemos una fascinación por declarar como «nuestro» cualquier objeto de este planeta del Señor. Sabemos que estamos simplemente de paso, pero eso no nos quita las ganas de tener algún tipo de propiedad material. Siempre quedamos sorprendidos y aprendemos mucho de lo que encontramos, por ejemplo, en una tumba antigua, en donde los deudos colocaron cuidadosamente objetos que fueron valiosos para el difunto mientras estuvo con vida. Basta saber que el arqueólogo Howard Carter encontró cinco mil objetos preservados en la tumba de Tutankamón en 1922.

Hablar de los bienes materiales siempre ha de llevarnos a los extremos. Algunos lo quieren todo, mientras que otros pareciera que lo desprecian todo. Sin embargo, es importante aclarar que una de las demostraciones más evidentes de la necedad no radica en tener o no tener, sino en la forma en que administramos lo que tengamos. El consejo del maestro de sabiduría en el titular de este capítulo es una de las advertencias más sutiles, pero también de las más claras, que podemos encontrar con respecto a este tema tan humano. Las riquezas son tan efímeras y volátiles que no vale la pena agobiarse para adquirirlas, mucho menos ocupar el tiempo pensando en ellas. Creo que la enseñanza es sutil porque pone el peso sobre el «deseo» y el «esfuerzo» por adquirir riqueza como un fin en sí mismo.

Las redes sociales han hecho que las vidas de los que tienen mucho estén muy expuestas. Sin embargo, de las diez personas con las más grandes fortunas del mundo, ninguno de ellos tenía como meta principal ser simplemente un «recolector» de dinero para vivir como ricos y famosos. Cada uno de ellos ha hecho una contribución evidente a algún área de la vida humana y ha recogido, como consecuencia, los dividendos materiales respectivos. No creo que se trate de personas que se «fatigan» adquiriendo «riquezas» y mucho menos que pierden el tiempo «pensando» en adquirir más mansiones y yates. Allí está el quid del asunto.

En lo siguiente radica la gran diferencia: mientras el necio añora riquezas y vivir sin derramar una gotita de sudor, el sabio se vuelve diestro en lo que hace con esfuerzo y dedicación. ¿Cuál es el resultado?

Para el sabio: «¿Has visto un hombre diestro en su trabajo? Estará delante de los reyes; no estará delante de hombres sin importancia» (22:29).

Para el necio: «No estés con los bebedores de vino, ni con los comilones de carne, porque el borracho y el glotón se empobrecerán, y la vagancia se vestirá de harapos» (23:20-21).

El maestro de sabiduría expone el peligro al que son expuestos aquellos necios que se fatigan pensando en las riquezas como objetivo. En primer lugar, está el peligro de que la exacerbación de mi envidia me lleve a poner mi esperanza en objetos y acciones equivocados. El consejo es claro: «No envidie tu corazón a los pecadores, antes vive siempre en el temor del Señor» (23:17). El anhelo por tener lo de los demás es un corrosivo poderoso. Ese anhelo virulento hace que se desvanezcan los límites y se oscurezcan los principios de vida. Cuando eso se pierde, ocurren cosas como esta: «No muevas el lindero antiguo, ni entres en la heredad de los huérfanos, porque su Redentor es fuerte; Él defenderá su causa contra ti» (23:10). La injusticia indolente es la mayor demostración de la necedad envidiosa que va tras la riqueza sin límites. Por eso se nos dice que debemos vivir siempre en el temor del Señor, es decir, reconociendo su soberanía sobre nuestras vidas.

En segundo lugar, la necedad de fijar nuestro objetivo en las riquezas hace que desviemos nuestra esperanza. Por eso el maestro de sabiduría dice a continuación: «Porque ciertamente hay un futuro, y tu esperanza no será cortada» (23:18). El consejo de Pablo es útil y amplio en este respecto:

> A los ricos en este mundo, enséñales que no sean altaneros ni pongan su esperanza en la incertidumbre de las riquezas, sino en Dios, el cual nos da abundantemente todas las cosas para que las disfrutemos. Enséñales que hagan bien, que sean ricos en buenas obras, generosos y prontos a compartir, acumulando para sí el tesoro de un buen fundamento para el futuro, para que puedan echar mano de lo que en verdad es vida. (1 Timoteo 6:17-19).

Es evidente que las riquezas tienen poder para cambiar el sentido de nuestra esperanza, dejando de depositarla en el Señor para volvernos a lo que es volátil y pasajero. Por eso Pablo enfatiza que son inciertas y que nuestra esperanza está en Dios, que nos regala la posibilidad de disfrutar de sus bienes materiales. Al final, el único tesoro verdadero que nos podemos llevar es el del carácter forjado en buenas obras, el haber dejado la necedad y haber adquirido sabiduría para la gloria de Dios.

En definitiva, si vamos a adquirir algo, el maestro de sabiduría nos presenta el mejor *tip* o consejo para la mejor inversión de nuestras vidas:

> Compra la verdad y no la vendas,
> Adquiere sabiduría, instrucción e inteligencia.
> (23:23)

Más claro, ¡imposible!

1 No tengas envidia de los malvados,
Ni desees estar con ellos;
2 Porque su corazón trama violencia,
Y sus labios hablan de hacer mal.

3 Con sabiduría se edifica una casa,
Y con prudencia se afianza;
4 Con conocimiento se llenan las cámaras
De todo bien preciado y deseable.

5 El hombre sabio es fuerte,
Y el hombre de conocimiento aumenta su poder.
6 Porque con dirección sabia harás la guerra,
Y en la abundancia de consejeros está la victoria.

7 Muy alta está la sabiduría para el necio,
En la puerta de la ciudad no abre su boca.

8 Al que planea hacer el mal,
Lo llamarán intrigante.
9 El tramar necedad es pecado,
Y el insolente es abominación a los hombres.

10 Si eres débil en día de angustia,
Tu fuerza es limitada.

11 Libra a los que son llevados a la muerte,
   Y retén a los que van con pasos vacilantes a la matanza.
12 Si dices: «Mira, no sabíamos esto».
   ¿No lo tiene en cuenta el que sondea los corazones?
   ¿No lo sabe el que guarda tu alma?
   ¿No dará a cada hombre según su obra?

13 Come miel, hijo mío, porque es buena;
   Sí, la miel del panal es dulce a tu paladar.
14 Debes saber que así es la sabiduría para tu alma;
   Si la hallas, entonces habrá un futuro,
   Y tu esperanza no será cortada.

15 No aceches, oh impío, la morada del justo;
   No destruyas su lugar de descanso;
16 Porque el justo cae siete veces, y vuelve a levantarse,
   Pero los impíos caerán en la desgracia.

17 No te regocijes cuando caiga tu enemigo,
   Y no se alegre tu corazón cuando tropiece;
18 No sea que el Señor lo vea y le desagrade,
   Y aparte de él Su ira.

19 No te impacientes a causa de los malhechores
   Ni tengas envidia de los impíos;
20 Porque no habrá futuro para el malo.
   La lámpara de los impíos será apagada.

21 Hijo mío, teme al Señor y al rey;
   No te asocies con los que son inestables;
22 Porque de repente se levantará su desgracia,
   Y la destrucción que vendrá de ambos, ¿quién la sabe?

23 También estos son dichos de los sabios:
   «Hacer acepción de personas en el juicio no es bueno».
24 Al que dice al impío: «Eres justo»,
   Lo maldecirán los pueblos, lo aborrecerán las naciones;
25 Pero los que lo reprenden tendrán felicidad,
   Y sobre ellos vendrá abundante bendición.
26 Besa los labios
   El que da una respuesta correcta.

27 Ordena tus labores de fuera
   Y tenlas listas para ti en el campo,
   Y después edifica tu casa.

28 No seas, sin causa, testigo contra tu prójimo,
   Y no engañes con tus labios.
29 No digas: «Como él me ha hecho, así le haré;
   Pagaré al hombre según su obra».

30 He pasado junto al campo del perezoso
   Y junto a la viña del hombre falto de entendimiento,
31 Y vi que todo estaba lleno de cardos,
   Su superficie cubierta de ortigas,
   Y su cerca de piedras, derribada.
32 Cuando lo vi, reflexioné sobre ello;
   Miré, y recibí instrucción.
33 «Un poco de dormir, otro poco de dormitar,
   Otro poco de cruzar las manos para descansar»,
34 Y llegará tu pobreza como ladrón,
   Y tu necesidad como hombre armado.

El necio habla, pero no concreta

Muy alta es la sabiduría para el necio,
En la puerta de la ciudad no abre la boca.

(24:7)

Una de las actividades más populares de nuestro tiempo es lo que me atrevería a llamar la «opinología». Ahora podemos solucionar todos los problemas del mundo, despotricar de todos los políticos y entrometer nuestra opinión en cualquier problema que se presente en cualquier lugar bajo el sol. No es necesario conocer bien del tema, tener experiencia ni conocimientos y ni siquiera que sea algo que nos afecte de alguna manera. Solo basta tener algo que decir y decirlo sin tapujos.

Bueno, aunque el cúmulo de opiniones ha crecido exponencialmente con la masificación de las redes sociales, lo cierto es que los problemas del mundo no se han solucionado, los políticos no han cambiado y los conflictos del orbe siguen irresolutos. Lo que sí ha quedado en evidencia es que de la abundancia del corazón habla la opinión y más que soluciones o comentarios tratados con altura y sabiduría, lo que hemos encontrado es una necedad generalizada que se manifiesta en una terquedad violenta que plantea una opinión sin el mayor sustento, con mucha insolencia y basada en los cimientos imaginarios de palabras que finalmente se las lleva el viento.

Una de las grandes diferencias entre la sabiduría y la necedad es la capacidad de concreción en el mundo real. El texto del encabezado nos habla de que la sabiduría le queda tan lejos al necio que «en la puerta de la ciudad no abre la boca». Esta frase requiere de cierta explicación contextual. La puerta de la ciudad era el lugar en donde se sentaban los jueces, los comerciantes y las autoridades de la población para negociar, tomar decisiones, solucionar problemas y dirimir controversias. No era un lugar para simplemente opinar sin mayores repercusiones, sino para alcanzar acuerdos reales que afectarían a todos los habitantes de la ciudad. La verdad es que un necio «opinólogo» se queda callado en el mundo real porque sus comentarios sin mayor sustento o sabiduría son, en realidad, etéreos e inaplicables. Lanzarlos entre los sabios solo demostraría con rapidez que no son más que... ¡opiniones volátiles!

Puedes evaluar tu grado de necedad o sabiduría con solo observar y evaluar tu capacidad de concreción en el mundo real. El maestro de sabiduría dice: «Con sabiduría se edifica una casa, y con prudencia se afianza; con conocimiento se llenan las cámaras de todo bien preciado y deseable» (24:3-4). Esto se opone claramente a la observación que el maestro de sabiduría hace acerca de la propiedad de un perezoso (necio):

He pasado junto al campo del perezoso
Y junto a la viña del hombre falto de entendimiento,
Y vi que todo estaba lleno de cardos,

Su superficie cubierta de ortigas,
Y su cerca de piedras, derribada.
(24:30-31)

La realidad objetiva siempre será el mejor referente para evaluar la diferencia entre un necio y un sabio. Las palabras, las opiniones y los comentarios se los lleva el viento, pero la sabiduría «si la hallas, entonces habrá un futuro, y tu esperanza no será cortada» (24:14b).

Debo aclarar que los proverbios no son promesas, sino instrucciones que si son llevadas a la práctica producirán sabiduría y fruto en la vida real. Por eso la esperanza y el futuro no es algo que se espera que ocurra de forma sobrenatural o hasta mágica, sino que es algo que se obtiene con tesón y esfuerzo para tener una vida buena. El maestro de sabiduría dice: «El hombre sabio es fuerte, y el hombre de conocimiento aumenta su poder. Porque con dirección sabia harás la guerra, y en la abundancia de consejeros está la victoria» (24:5-6). Podrás notar que se trata de situaciones concretas que requieren acciones específicas, consejos acertados y un orden que permita salir adelante en medio de las dificultades.

Salir de la necedad es dejar la «opinología» por la acción real y decidida para alcanzar la vida buena. Dos consejos finales para poder lograrlo. En primer lugar, cuídate de aquellos que están a tu alrededor y que solo expresan opiniones, pero no acciones y menos estabilidad en sus vidas: «Hijo mío, teme al Señor y al rey; no te asocies con los que son inestables; porque de repente se levantará su desgracia, y la destrucción que vendrá de ambos, ¿quién la sabe?» (24:21-22). En segundo lugar, dejar la necedad es abandonar la palabrería de opiniones sin sustento para intentar trabajar a través de un orden de prioridades en la vida real que nos permita crecer y fructificar: «Ordena tus labores de fuera y tenlas listas para ti en el campo, y después edifica tu casa» (24:27).

Una de las obras que la salvación, ofrecida por el evangelio, produce en nosotros es la fructificación. Nuestro Señor Jesucristo ya nos advertía que nada bueno se puede sacar solo de las opiniones vacías, sino que la verdadera sabiduría se prueba en los frutos. Por eso, usando la figura de un árbol —con respecto a los falsos profetas: los «opinólogos» de falsas esperanzas de ayer—, Él dijo:

Por sus frutos los conocerán. ¿Acaso se recogen uvas de los espinos o higos de los cardos? Así, todo árbol bueno da frutos buenos; pero el árbol malo da frutos malos. Un árbol bueno no puede producir frutos malos, ni un árbol malo producir frutos buenos. Todo árbol que no da buen fruto es cortado y echado al fuego. Así que, por sus frutos los conocerán. (Mateo 7:16-20)

Los frutos buenos y malos no se miden por su calidad, sino por la naturaleza del árbol. Lo que Jesús está diciendo es que los espinos no dan uvas ni los cardos higos. Un necio no podrá concretar nada bueno en la vida porque su propia naturaleza se lo impide. La única posibilidad es entonces darle un vuelco a la vida, arrepentirnos de nuestra necedad y pedirle al Señor que nos haga sabios para poder concretar una vida buena con frutos óptimos para su gloria.

PROVERBIOS 25

1 También estos son proverbios de Salomón, que
   transcribieron los hombres de Ezequías,
   rey de Judá:

2 Es gloria de Dios encubrir una cosa,
   Pero la gloria de los reyes es investigar un asunto.
3 Como la altura de los cielos y la profundidad de la
       tierra,
   Así es el corazón de los reyes, inescrutable.
4 Quita la escoria de la plata,
   Y saldrá un vaso para el orfebre;
5 Quita al malo de delante del rey,
   Y su trono se afianzará en la justicia.
6 No hagas ostentación ante el rey,
   Y no te pongas en el lugar de los grandes;
7 Porque es mejor que te digan: «Sube acá»,
   A que te humillen delante del príncipe
   A quien tus ojos han visto.

8 No te apresures a presentar pleito;
   Pues ¿qué harás al final,
   Cuando tu prójimo te avergüence?
9 Discute tu caso con tu prójimo
   Y no descubras el secreto de otro,
10 No sea que te reproche el que lo oiga
   Y tu mala fama no se acabe.

¹¹ Como manzanas de oro en engastes de plata
Es la palabra dicha a su tiempo.
¹² Como pendiente de oro y adorno de oro fino
Es el sabio que reprende al oído atento.
¹³ Como frescura de nieve en tiempo de la siega
Es el mensajero fiel para los que lo envían,
Porque refresca el alma de sus señores.
¹⁴ Como las nubes y el viento sin lluvia
Es el hombre que se jacta falsamente de sus dones.
¹⁵ Con la mucha paciencia se persuade al príncipe,
Y la lengua suave quebranta los huesos.
¹⁶ ¿Has hallado miel? Come solo lo que necesites,
No sea que te hartes y la vomites.
¹⁷ No frecuente tu pie la casa de tu vecino,
No sea que él se hastíe de ti y te aborrezca.
¹⁸ Como mazo y espada y flecha aguda
Es el hombre que levanta falso testimonio contra su
prójimo.
¹⁹ Como diente malo y pie que resbala
Es la confianza en el hombre engañador en tiempo de
angustia.
²⁰ Como el que se quita la ropa en día de frío, o como el
vinagre sobre la lejía,
Es el que canta canciones a un corazón afligido.
²¹ Si tu enemigo tiene hambre, dale de comer pan,
Y si tiene sed, dale a beber agua;
²² Porque así amontonarás brasas sobre su cabeza,
Y el Señor te recompensará.
²³ El viento del norte trae la lluvia,
Y la lengua murmuradora, el semblante lleno de ira.
²⁴ Mejor es vivir en un rincón del terrado
Que en una casa con mujer rencillosa.

25 Como agua fría para el alma sedienta,
  Así son las buenas nuevas de una tierra lejana.
26 Como manantial turbio y pozo contaminado
  Es el justo que cede ante el impío.
27 No es bueno comer mucha miel,
  Ni el buscar la propia gloria es gloria.
28 Como ciudad invadida y sin murallas
  Es el hombre que no domina su espíritu.

El necio siempre se pasa de la raya

Como ciudad invadida y sin murallas
Es el hombre que no domina su espíritu.

(25:28)

E ste capítulo abre una nueva sección en el Libro de Proverbios. Se señala con claridad que son «proverbios de Salomón, que transcribieron los hombres de Ezequías, rey de Judá» (25:1). Este rey fue un reformador religioso que se esforzó por erradicar la idolatría de la nación. El que haya buscado preservar los proverbios del rey Salomón no nos sorprende, «porque se apegó al SEÑOR; no se apartó de Él, sino que guardó los mandamientos que el SEÑOR había ordenado a Moisés» (2 Reyes 18:6). Es evidente que su deseo de instruir incluía fomentar la sabiduría entre la población judía.

Es notable la belleza literaria de estos proverbios. El uso de figuras e ilustraciones de la vida para profundizar las enseñanzas es evidente y frecuente. La pluma de Salomón, que fue un hombre sofisticado y sabio, se hace presente cuando habla de «manzanas de oro en engastes de plata» (25:11), «frescura de nieve en tiempo de la siega» (25:13) o «El viento del norte trae la lluvia» (25:23).

Salomón usa su sapiencia para imprimirle claridad meridiana a la distinción entre la sabiduría y la necedad. Estos primeros proverbios intentan mostrar que el necio tiende a pasarse de la raya, es decir, no sabe ubicarse ni responder de forma adecuada en sus relaciones ni en medio de las circunstancias. Un necio es alguien a quien uno no puede darle la mano sin que «se vaya hasta el codo», como dice el dicho popular. Veamos algunos consejos que Salomón da para dejar la necedad que siempre se pasa de la raya y no mide las consecuencias de sus palabras y sus actos.

En primer lugar, el necio se pasa de la raya porque tiende a creer que merece un mejor trato o que tiene una posición que realmente no le corresponde. Salomón dice: «No hagas ostentación ante el rey, y no te pongas en el lugar de los grandes; porque mejor es que te digan: "Sube acá", a que te humillen delante del príncipe a quien tus ojos han visto» (25:6-7). Sabio es alguien que conoce su lugar, pero más que eso, es el que no busca posición ni ostentación porque sabe muy bien quién es sin tener que probarlo delante de nadie.

En segundo lugar, el necio también se pasa de la raya porque no sabe controlar su temperamento y se apresura en sus juicios y sus acciones. Salomón le dice: «No te apresures a presentar pleito; pues ¿qué harás al final, cuando tu prójimo te avergüence?» (25:8). Qué terrible es cuando una persona se descontrola rápida y neciamente, y dice o hace cosas de las que pronto tendrá que pagar consecuencias que podrían durar toda la vida. Por eso Salomón afirma: «Discute tu caso con tu prójimo y no descubras el secreto de otro, no sea que te reproche el que lo oiga y tu mala fama no se acabe» (25:9-10). Él busca contraponer la vergüenza del apresuramiento con una actitud prudente que evita un gran daño irremediable. Salomón sigue y compara una palabra sabia y oportuna con una joya preciosa: «Como manzanas de oro en engastes de plata es la palabra dicha a su tiempo» (25:11). Una de las grandes diferencias entre la necedad y la sabiduría es la pertinencia y la proporcionalidad de la acción y las palabras sabias en el momento preciso que solucionan en vez de causar más daño.

En tercer lugar, el necio se pasa de la raya cuando hace creer al resto que sabe más de lo que realmente conoce. ¿Cuántos hemos pasado malos ratos con «expertos» que nos engañaron al hacernos creer que dominaban una especialidad que en realidad les quedaba grande? Por eso Salomón les dice a los necios: «Como las nubes y el viento sin lluvia es el hombre que se jacta falsamente de sus dones» (25:14). Nubes y viento sin lluvia era una calamidad para el pueblo agrícola porque generaba falsas esperanzas y toda la cosecha se ponía en peligro si las nubes y el viento no producían la tan ansiada lluvia. Aquí cae muy bien el consejo que el apóstol Pablo le dio a los romanos, en el que los exhortaba a pasar de la fanfarronería necia a la veracidad de la sabiduría: «Digo a cada uno de ustedes que no piense de sí mismo más de lo que debe pensar; sino que piense con buen juicio» (Romanos 12:3). Saber quiénes somos realmente es fundamental para una vida sabia, fructífera y pacífica.

En cuarto lugar, el necio tampoco sabe contener sus apetitos y afectos, por lo que suele excederse dado que no sabe poner límites y, como consecuencia, paga las consecuencias. Salomón dice: «¿Has hallado miel? Come solo lo que necesites, no sea que te hartes y la vomites. No frecuente tu pie la casa de tu vecino, no sea que él se hastíe de ti y te aborrezca» (25:16-17). ¿Puedes notar cómo, en ambos casos, el problema es el exceso y la falta de límites que lleva al hastío? Pasarse de la raya es casi un deporte para los necios y el resultado siempre será el hartazgo y el hastío del necio mismo y de los que lo rodean.

En quinto lugar, el necio es incapaz de responder en forma correcta ante los sentimientos y el dolor que las personas que están a su alrededor puedan estar experimentando. El necio es tan superficial que no puede ofrecer una ayuda profunda ante el dolor del prójimo. Salomón usa su elocuencia con ejemplos muy gráficos para mostrar la gravedad del problema: «Como el que se quita la ropa en día de frío, o como el vinagre sobre la lejía, es el que canta canciones a un corazón afligido» (25:20). No es sensato desabrigarse en un día frío de invierno por razones obvias que no solo tienen que ver con comodidad, sino con salud y hasta la pérdida de la vida. El tema del vinagre y la lejía requiere un poco de explicación. Tanto la lejía como el vinagre se usaban para lavar, para preparar alimentos y para la panificación. Ambos se usaban por separado porque si se mezclaban perdían sus componentes originales y no servían para nada. Entonces, no saber cómo mostrar simpatía o hacerlo de formas contrarias al dolor constituye una demostración de necedad inútil en la que no bastarán siquiera las buenas intenciones.

En definitiva, nos vamos al proverbio del encabezado que viene a ser simplemente una conclusión muy clara para aquellos necios que viven pasándose de la raya sin medir las consecuencias de sus actos, sin limitar sus impulsos y sin considerar a los demás ni sus circunstancias. Aunque hoy se habla de que para tener una vida buena se necesita romper con todas las restricciones y solo guiarse por los impulsos y la satisfacción irrestricta de los deseos y anhelos, el consejo de Salomón sigue siendo pertinente y necesario porque es tan elocuente que no requiere mayor explicación:

> Como ciudad invadida y sin murallas
> Es el hombre que no domina su espíritu.
> (25:28)

1 Como nieve en el verano y como lluvia en la siega,
Así la honra no es apropiada para el necio.

2 Como el gorrión en su vagar y la golondrina en su vuelo,
Así la maldición no viene sin causa.

3 El látigo es para el caballo, la brida para el asno,
Y la vara para la espalda de los necios.

4 No respondas al necio de acuerdo con su necedad,
Para que no seas tú también como él.

5 Responde al necio según su necedad se merece,
Para que no sea sabio ante sus propios ojos.

6 Se corta los pies y bebe violencia
El que envía recado por mano de un necio.

7 Como las piernas que penden del lisiado,
Así es el proverbio en boca de los necios.

8 Como el que ata la piedra a la honda,
Así es el que da honor al necio.

9 Como espina que se clava en la mano de un borracho,
Así es el proverbio en boca de los necios.

10 Como arquero que a todos hiere,
Así es el que toma a sueldo al necio o a los que pasan.

11 Como perro que vuelve a su vómito
Es el necio que repite su necedad.

12 ¿Has visto a un hombre que se tiene por sabio?
Más esperanza hay para el necio que para él.

13 El perezoso dice: «Hay un león en el camino;
Hay un león en medio de la plaza».

14 Como la puerta gira sobre sus goznes,
   Así da vueltas el perezoso en su cama.

15 El perezoso mete la mano en el plato,
   Pero se fatiga de llevársela a la boca.

16 El perezoso es más sabio ante sus propios ojos
   Que siete que den una respuesta discreta.

17 Como el que toma un perro por las orejas,
   Así es el que pasa y se entremete en pleito que no es
      suyo.

18 Como el enloquecido que lanza
   Teas encendidas, flechas y muerte,

19 Así es el hombre que engaña a su prójimo,
   Y dice: «¿Acaso no estaba yo bromeando?».

20 Por falta de leña se apaga el fuego,
   Y donde no hay chismoso, se calma la discusión.

21 Como carbón para las brasas y leña para el fuego,
   Así es el hombre rencilloso para encender
      pleitos.

22 Las palabras del chismoso son como bocados deliciosos,
   Y penetran hasta el fondo de las entrañas.

23 Como vasija de barro revestida de escoria de plata,
   Así son los labios ardientes y el corazón perverso.

24 El que odia, disimula con sus labios,
   Pero en su corazón acumula engaño.

25 Cuando su voz sea agradable, no lo creas,
   Pues hay siete abominaciones en su corazón.

26 Aunque su odio se cubra con engaño,
   Su perversidad será descubierta en la asamblea.

27 El que cava un hoyo caerá en él,
   Y el que hace rodar una piedra, sobre él volverá.

28 La lengua mentirosa odia a los que oprime,
   Y la boca lisonjera causa ruina.

¡Qué peligroso es tener necios cerca!

Como arquero que a todos hiere,
Así es el que toma a sueldo al
necio o a los que pasan.

(26:10)

Todos hemos vivido alguna vez la experiencia de haber sufrido un daño de algún tipo causado por una persona cercana. Es posible que recordemos a un compañero grosero y abusador de la escuela primaria, un pretendiente que no conocía de límites, un vecino cuya música estridente no nos dejaba dormir, un compañero de trabajo ocioso que dejaba mal a todo el equipo y hasta un profesor en la universidad que le importaba poco la enseñanza y menos dominar la materia. Todas esas personas cercanas nos hicieron pasar un mal rato, por decir lo menos, y hasta experimentar un despido y un vacío importante en nuestra formación profesional.

Las personas no son inocuas y menos aquellas con las que nos relacionamos de manera cercana. Es evidente que todo individuo trae consigo su carácter, maneras, valores, palabras, propósitos y acciones al momento de relacionarse con otros. Esto significa que toda persona con la que nos relacionamos tiene el potencial para hacernos bien o mal, bendecirnos o maldecirnos, enriquecernos o empobrecernos. En nuestro caso, Salomón se toma el trabajo de mostrarnos los peligros latentes que la cercanía de un necio puede producir en nuestras vidas.

Empecemos con el texto del encabezado: «Como arquero que a todos hiere, así es el que toma a sueldo al necio o a los que pasan» (v. 10). Sabemos cuán peligroso y mortal es una persona desquiciada con un arma. Los ejemplos dramáticos abundan en nuestra sociedad contemporánea. Salomón presenta a un arquero que causa mucho daño mientras tira flechas sin control, y lo compara con alguien que contrata para un trabajo a un necio o a un desconocido. Es muy posible que conozcamos, hasta de primera mano, los dolores de cabeza sufridos por un empleador que contrató a la persona equivocada por no conocerla bien o porque creyó en lo que decía sin verificar sus credenciales (una práctica común entre los necios, como ya hemos visto). ¡El daño es inmenso!

Por si no nos quedó claro el consejo anterior, Salomón añade otra advertencia bastante extrema cuando dice: «Se corta los pies y bebe violencia el que envía recado por mano de un necio» (v. 6). «Cortarse los pies» describe la incapacidad para concretar o dificultar la realización del encargo. Peor aún es «beber violencia», cosa que algunos estudiosos entienden como «beber veneno», es decir, la imposibilidad de que la gestión se lleve a cabo para siempre. ¡Cuidado con tener necios a nuestro servicio!

La cercanía de un necio también tiende a rebajar nuestros estándares personales. Salomón dice: «No respondas al necio de acuerdo con su necedad, para que no seas tú también como él» (v. 4). Es muy fácil «resbalar» cuando un necio empieza a degradar la relación con sus palabras y sus actos. Somos muy dados a perder los papeles cuando alguien cercano suele perder los estribos y nos empuja a dejar de lado el dominio propio.

Consideremos estos dos proverbios adicionales que van en la misma dirección: «Por falta de leña se apaga el fuego, y donde no hay chismoso, se calma la discusión» (v. 20). Una persona necia que se caracteriza por ser chismosa promoverá el chisme. En el mismo sentido: «Como carbón para las brasas y leña para el fuego, así es el hombre rencilloso para encender pleitos» (v. 21). El necio rencilloso promoverá discusiones porque esa es su naturaleza. Ni los chismes ni los pleitos se encienden por combustión mágica o por simple exposición al aire. Por el contrario, así como la leña mantiene vivo el fuego y el carbón a las brasas, así los necios harán arder su necedad porque la llevan dentro y es inevitable que vivan de esa manera.

El sabio debe saber cómo evitar el daño que los necios producen por su necedad. Salomón es muy práctico al momento de plantear algunos consejos para enfrentar las relaciones con los necios. En primer lugar, nunca debemos rebajarnos al nivel del necio. Por el contrario, debemos intentar visualizar la necedad y reprenderla: «Responde al necio según su necedad se merece, para que no sea sabio a sus propios ojos» (v. 5). La necedad y sus efectos son tan perniciosos que no pueden ser tolerados, por lo que deben ser condenados.

No debemos olvidar que el necio tiende a engañarse a sí mismo con credenciales y posiciones falsas. Por amor al necio y a los que le rodean no se puede dejar pasar, ni al necio ni su necedad, con una actitud permisiva a lo que sabemos que tarde o temprano causará daño. Salomón ilustra este consejo de una manera muy gráfica: «Como nieve en el verano y como lluvia en la siega, así la honra no es apropiada para el necio» (v. 1). Los dos ejemplos climatológicos son imposibles que sucedan en el orden creado por Dios. De la misma manera, debemos reconocer que es inapropiado celebrar al necio en su necedad. Lamentablemente, la necedad no solo se honra, sino que se celebra en la cultura contemporánea. Las consecuencias de tal desorden ya son visibles y dolorosas.

Por último, la necedad cercana no está simplemente en el otro, sino también muy dentro de ti. Si fueras completamente sabio, la necedad y los necios no tendrían el más mínimo efecto en tu vida. Pero te afectan porque la necedad siempre será una posibilidad latente en ti. Por eso es que necesitamos de Jesucristo, que vino para perdonar nuestros pecados, darnos un nuevo corazón y una nueva manera de vivir. Si estás cansado del daño de muchos y sabes que todavía eres parte del problema, Él te hace una invitación que no deberías dejar de aceptar:

Vengan a Mí, todos los que están cansados y cargados, y Yo los haré descansar. Tomen Mi yugo sobre ustedes y aprendan de Mí, que Yo soy manso y humilde de corazón, y HALLARÁN DESCANSO PARA SUS ALMAS. Porque Mi yugo es fácil y Mi carga ligera. (Mateo 11:28-30)

1 No te glories del día de mañana,
Porque no sabes qué traerá el día.

2 Que te alabe el extraño, y no tu boca;
El extranjero, y no tus labios.

3 Pesada es la piedra y pesada la arena,
Pero la provocación del necio es más pesada que
ambas.

4 Cruel es el furor e inundación la ira;
Pero ¿quién se mantendrá ante los celos?

5 Mejor es la reprensión franca
Que el amor encubierto.

6 Fieles son las heridas del amigo,
Pero engañosos los besos del enemigo.

7 El hombre saciado aborrece la miel,
Pero para el hombre hambriento todo lo amargo le
es dulce.

8 Como pájaro que vaga lejos de su nido,
Así es el hombre que vaga lejos de su hogar.

9 El ungüento y el perfume alegran el corazón,
Y dulce para su amigo es el consejo del hombre.

10 No abandones a tu amigo ni al amigo de tu padre,
Ni vayas a la casa de tu hermano el día de
tu infortunio.
Mejor es un vecino cerca que un hermano lejos.

11 Sé sabio, hijo mío, y alegra mi corazón,
Para que yo responda al que me afrenta.

¹² El hombre prudente ve el mal y se esconde,
Los simples siguen adelante y pagan las
consecuencias.

¹³ Tómale la ropa al que sale fiador del extraño;
Y tómale prenda por la mujer desconocida.

¹⁴ Al que muy de mañana bendice a su amigo
en alta voz,
Le será contado como una maldición.

¹⁵ Gotera constante en día de lluvia
Y mujer rencillosa, son semejantes;

¹⁶ El que trata de contenerla, es como refrenar al viento
Y recoger aceite con su mano derecha.

¹⁷ El hierro con hierro se afila,
Y un hombre aguza a otro.

¹⁸ El que cuida la higuera comerá su fruto,
Y el que atiende a su señor será honrado.

¹⁹ Como el agua refleja el rostro,
Así el corazón del hombre refleja al hombre.

²⁰ El Seol y el Abadón nunca se sacian;
Tampoco se sacian los ojos del hombre.

²¹ El crisol es para la plata y el horno para el oro,
Y al hombre se le prueba por la alabanza que recibe.

²² Aunque machaques con el mazo al necio en un mortero
entre el grano molido,
No se apartará de él su necedad.

²³ Conoce bien la condición de tus rebaños,
Y presta atención a tu ganado;

²⁴ Porque las riquezas no son eternas,
Ni perdurará la corona por todas las generaciones.

²⁵ Cuando la hierba desaparece se ve el retoño,
Y se recogen las hierbas de los montes;

26 Los corderos darán para tu vestido,
   Y las cabras para el precio de un campo,
27 Y habrá suficiente leche de cabra para tu alimento,
   Para el alimento de tu casa,
   Y sustento para tus doncellas.

Los secretos de una amistad sabia y verdadera

Mejor es la reprensión franca
Que el amor encubierto.

(27:5)

Ya les he mostrado mi predilección por las obras de J. R. Tolkien. El Señor de los Anillos presenta de una manera prominente el valor de la amistad. La relación estrecha y valiente que existe entre los hobbits Frodo Baggins, Samwise Gamgee, Pippin Took y Merry Brandybuck es encomiable porque modela una inocencia que no pierde fortaleza ante la adversidad y que los hace permanecer unidos hasta el fin. Ellos eran muy parecidos físicamente por raza y cultura, sin embargo, la Comunidad del Anillo estaba conformada por personajes tan disímiles como Aragorn, Legolas y Gimli, el renegón y pesimista del grupo. Pero sus diferencias no debilitaban su amistad ni la búsqueda del objetivo común de acabar con el mal.

Una amistad que se mostró al inicio y luego se rompió de forma irreparable fue la que existió entre los magos Gandalf y Saruman. Es evidente que la amistad se resquebrajó porque habían escogido caminos y lealtades distintos.

Cuando Gandalf acude a su amigo por ayuda, Saruman le responde que no tiene nada que ver ni con él ni con sus amigos. Luego le dice que debían aprovechar el tiempo durante la crisis y obtener poder para gobernar y controlarlo todo. Gandalf reconoce la maldad de los dichos y las intenciones de su amigo, por lo que los desestima por completo. La amistad se deshizo para siempre.

La amistad es un bien valioso que a los necios les cuesta entender y menos preservar. Lo cierto es que, en general, la amistad se entiende en la actualidad de una manera muy superficial y pasajera. Aunque tiene un alto componente de afecto, es decir, cierta inclinación sentimental o gusto por la otra persona, no está compuesta solo de un cierto sesgo subjetivo y emocional que se puede desvanecer con el mínimo cambio de temperatura anímica. Por el contrario, la amistad sabia es fuerte, duradera y leal porque no se centra en la satisfacción personal a costa del otro (una práctica muy común en la amistad contemporánea), ni tampoco es volátil y desechable. Veamos entonces algunas características de la amistad sabia de Proverbios que deberíamos tratar de imitar.

Una amistad sabia entiende que se trata de dos o más seres humanos imperfectos y pecadores, pero no se rinde ante esa realidad. Esa es la razón por la que la amistad verdadera demanda primeramente sinceridad. De nada sirve decir que se ama a otra persona si es que no está dispuesta a hacerla brillar con la verdad. Es sumamente claro el pasaje del encabezado en esta traducción: «Más vale ser reprendido con franqueza que ser amado en secreto» (NVI). Una amistad sabia no es aburrida ni deja de divertirse y pasarla bien, pero también es enriquecedora y en la convivencia sincera se van forteciendo los amigos. El maestro de sabiduría lo ilustra de la siguiente manera: «El hierro con hierro se afila, y un hombre aguza a otro» (v. 17).

En ese mismo sentido, la amistad sabia enriquece la vida de los amigos. El maestro de sabiduría dice: «El ungüento y el perfume alegran el corazón, y dulce para su amigo es el consejo del hombre» (v. 9). Los ungüentos y los perfumes se preparaban con especias, flores y plantas aromáticas para usarlos sobre las personas o en las habitaciones. Eran una forma de honrar a las personas con ese olor agradable de una manera especial y hasta costosa. El maestro de sabiduría usa esa ilustración para decir que así de agradable también es el consejo de un amigo. Solo quisiera dejar en claro que así como era costoso y hasta trabajoso preparar ungüentos y perfumes en los tiempos bíblicos (recordemos la queja de Judas antes el perfume costosísimo derramado por María sobre los pies de Jesús [Juan 12:3-5]), así también el consejo de un verdadero amigo sabio será laborioso y costoso para que sea dulce al receptor. El necio superficial y egoísta nunca podrá dar ese tipo de consejos provechosos.

Por otro lado, podría pensarse que una amistad son solo risas, diversión y momentos memorables de buena conversación alrededor de un café o una buena mesa. Pero el maestro de sabiduría nos sorprende al decirnos: «Fieles son las heridas del amigo, pero engañosos los besos del enemigo» (v. 6). Uno esperaría «heridas» de los enemigos y «besos» de los amigos, pero parece que debemos entender la amistad sabia de una manera distinta. Lo cierto es que solo un amigo fiel estará lo suficientemente preocupado por nosotros al punto que nos hiera por nuestro bienestar. Un amigo necio nos puede llenar de besos hipócritas mientras solo busca su bienestar egoísta y nunca nuestro bien.

Por último, el maestro de sabiduría nos presenta otra muestra de la amistad que es sumamente paradójica: «Al que muy de mañana bendice a su amigo en alta voz, le será contado como una maldición» (v. 14). Podría parecer que bendecir a un amigo por la mañana y en voz alta para que todo el mundo lo sepa es una demostración de una amistad verdadera, pero, al parecer, es todo lo contrario.

Lo que el maestro está tratando de advertirnos es que nos cuidemos de una amistad necia que se basa en la adulación superficial y estridente. Hoy más que nunca nos gustan los *like* de las redes sociales y las alabanzas a todo lo que publicamos. Sentimos que esas palabras altisonantes y públicas son la demostración de una amistad verdadera, pero debemos cuidarnos de los supuestos amigos que solo quieren agradarnos y exaltarnos de forma desmedida. Es muy posible que lo único que buscan es impresionarnos para obtener algo de nuestra parte. La hipocresía de un amigo falso convierte la supuesta «bendición» exaltada y mañanera en una «maldición».

Una verdadera amistad sabia la ofrece nuestro Señor Jesucristo al mostrarnos dos de las características más bellas de esa relación: el sacrificio desprendido y la apertura leal. Para el primero, Él dice: «Nadie tiene un amor mayor que este: que uno dé su vida por sus amigos» (Juan 15:13). Una entrega desprendida y deseosa por bendecir al amigo es una cualidad de una verdadera amistad modelada por el Señor.

Para la segunda característica, Él dice: «Ya no los llamo siervos, porque el siervo no sabe lo que hace su señor; pero los he llamado amigos, porque les he dado a conocer todo lo que he oído de Mi Padre» (Juan 15:15). La amistad sabia y desprendida se da a conocer, se muestra vulnerable y abierta. Es una amistad que enriquece con su sabiduría y que espera bendecir, no simplemente aprovecharse del amigo. Por eso el Señor ordena que promovamos la amistad verdadera cuando dice:

> Esto les mando: que se amen los unos a los otros. (Juan 15:17)

1 El impío huye sin que nadie lo persiga,
  Pero los justos están confiados como un león.
2 Por la transgresión de la tierra, muchos son sus
     príncipes;
  Pero por el hombre entendido y de conocimiento
     permanece estable.
3 El pobre que oprime a los humildes
  Es como lluvia torrencial que no deja pan.
4 Los que abandonan la ley alaban a los impíos,
  Pero los que guardan la ley luchan contra ellos.
5 Los hombres malvados no entienden de justicia,
  Pero los que buscan al Señor lo entienden todo.
6 Mejor es el pobre que anda en su integridad
  Que el que es perverso, aunque sea rico.
7 El que guarda la ley es hijo entendido,
  Pero el que es compañero de glotones avergüenza a su
     padre.
8 El que aumenta su riqueza por interés y usura,
  La recoge para el que se apiada de los pobres.
9 Al que aparta su oído para no oír la ley,
  Su oración también es abominación.
10 El que extravía a los rectos por el mal camino
  En su propia fosa caerá,
  Pero los íntegros heredarán el bien.
11 El rico es sabio ante sus propios ojos,
  Pero el pobre que es entendido, lo sondea.

¹² Cuando los justos triunfan, grande es la gloria,
Pero cuando los impíos se levantan, los hombres se
esconden.

¹³ El que encubre sus pecados no prosperará,
Pero el que los confiesa y los abandona hallará
misericordia.

¹⁴ Cuán bienaventurado es el hombre que siempre teme,
Pero el que endurece su corazón caerá en el infortunio.

¹⁵ Cual león rugiente y oso agresivo
Es el gobernante perverso sobre el pueblo pobre.

¹⁶ Al príncipe que es gran opresor le falta entendimiento,
Pero el que odia las ganancias injustas
prolongará sus días.

¹⁷ El hombre cargado con culpa de sangre humana,
Fugitivo será hasta la muerte; que nadie lo apoye.

¹⁸ El que anda en integridad será salvo,
Pero el que es de camino torcido caerá de repente.

¹⁹ El que labra su tierra se saciará de pan,
Pero el que sigue propósitos vanos se llenará de
pobreza.

²⁰ El hombre fiel abundará en bendiciones,
Pero el que se apresura a enriquecerse no quedará sin
castigo.

²¹ Hacer acepción de personas no es bueno,
Pues por un bocado de pan el hombre pecará.

²² El hombre avaro corre tras la riqueza
Y no sabe que la miseria vendrá sobre él.

²³ El que reprende al hombre hallará después más favor
Que el que lo lisonjea con la lengua.

²⁴ El que roba a su padre o a su madre
Y dice: «No es transgresión»,
Es compañero del hombre destructor.

²⁵ El hombre arrogante provoca rencillas,
Pero el que confía en el Señor prosperará.

²⁶ El que confía en su propio corazón es un necio,
Pero el que anda con sabiduría será librado.

²⁷ El que da al pobre no pasará necesidad,
Pero el que cierra sus ojos tendrá muchas maldiciones.

²⁸ Cuando los impíos se levantan, los hombres se
esconden;
Pero cuando perecen, los justos se multiplican.

La necedad del liderazgo destruye una nación

Cuando los impíos se levantan,
los hombres se esconden;
Pero cuando perecen, los justos se multiplican.

(28:28)

Uno de los propósitos del Libro de Proverbios era entrenar a los jóvenes para que ejercieran posiciones de liderazgo con sabiduría en el pueblo de Israel. Esa formación ética era considerada fundamental y es notable su importancia a la luz de la forma en que vemos fallar al liderazgo contemporáneo producto de que hemos exaltado las personalidades altisonantes y las credenciales profesionales por encima del desarrollo y madurez del carácter.

Es evidente que una gran mayoría de nuestros líderes no merecen un pedestal en un parque como motivo de agradecimiento por sus innumerables servicios a la patria, sino un veredicto nefasto en los libros de historia como resultado de sus actos corruptos en medio del aprovechamiento del poder. No solo me refiero a la necedad de líderes políticos, sino a toda la gama del espectro del liderazgo, que va desde el mismo presidente y los líderes políticos de distintos niveles, hasta dirigentes religiosos y de toda la gama de servicios en una comunidad. En todos los niveles se presentan casos dolorosos que traen consigo un enorme costo económico, social y moral, porque cuando el liderazgo cae, las repercusiones las sienten todos los que están bajo su esfera de influencia.

No quisiera que esta reflexión se convierta en una charla de café en la que despotricamos de los líderes y nos erigimos como jueces perfectos del mundo. La necedad del liderazgo nos afecta a todos porque somos parte del problema. Así que, empecemos por nosotros, los liderados.

Uno de los deportes favoritos en la población es quejarse de los líderes elegidos luego de que votamos por ellos y les entregamos el poder en las urnas. El maestro de sabiduría tiene estas palabras para nosotros: «Los que abandonan la ley alaban a los impíos, pero los que guardan la ley luchan contra ellos» (v. 4). Tenemos que preguntarnos con mucha sinceridad si es que las personas que terminamos eligiendo nos engañaron o simplemente elegimos con descuido y sin reflexión. Abandonar la ley de Dios puede parecer demasiado duro, pero muchas veces la olvidamos o simplemente la dejamos de considerar y simplemente terminamos alabando (y eligiendo) a los necios.

En el mismo sentido, pareciera que lo único que realmente nos corresponde es elegir y luego dejar que los gobernantes electos hagan lo que quieran o tengan que hacer mientras permanecemos como espectadores pasivos. Entonces, pareciera que nuestra responsabilidad es solo «elegir bien». Sin embargo, el maestro de sabiduría no solo lamenta que alabemos a los necios por olvidar la ley, sino que dice claramente: «los que guardan la ley luchan contra ellos». Tenemos la responsabilidad de promover la verdad, de actuar con justicia y evitar el mal y sus perversidades. ¡Esa es parte de la respuesta práctica y sabia que se niega a permitir que el mal campee, destruya y cause sufrimiento!

Una de las mayores mentiras que muchas veces creemos es que un gobernante necio no hará mucho daño. El maestro de sabiduría tiene palabras muy fuertes para desmentirnos: «Cual león rugiente y oso agresivo es el gobernante perverso sobre el pueblo pobre» (v. 15). Es interesante que el proverbio no se construye sobre un ejemplo o el otro, sino sobre ambos. El gobernante perverso, que causa daño de forma intencional, es comparado con la furia animal de un león hambriento y la de un oso que arremete con violencia. Ambos animales son temidos por su crueldad y su fortaleza mortal. No menospreciemos el carácter de un líder al momento de elegirlo. Desestimar su carácter es como dejar suelto por las calles a un león hambriento y a un oso furioso.

Otros aspectos negativos de un liderazgo necio son su inestabilidad, corta duración y abundancia de corrupción. El maestro de sabiduría dice: «Por la transgresión de la tierra, muchos son sus príncipes; pero por el hombre entendido y el de conocimiento permanece estable» (v. 2). La «abundancia de príncipes» no es una señal de prosperidad, sino de inestabilidad política y social. El quebrantamiento de las leyes, la anomia y la ausencia del imperio de la ley, en general, siempre propiciarán un sinnúmero de líderes volátiles y efímeros que solo dejarán una estela de mayor desorden a su paso.

En ese sentido, la estabilidad no es un asunto meramente institucional, como si las instituciones *per se* proveyeran estabilidad. El tamaño de la oficina, el cuero del sillón o la elegancia del escritorio nunca sustituirán el tamaño del carácter del que los ocupa. Las instituciones solo serán fuertes y estables si su liderazgo es sabio y «entendido», es decir, personas que saben distinguir lo bueno de lo malo, que actúan con sabiduría y consideran los asuntos con cuidado para el bien común. La crisis institucional no es administrativa ni operativa, sino que tiene su fundamento en una crisis de carácter en su liderazgo.

El maestro de sabiduría también dice: «Cuando los justos triunfan, grande es la gloria, pero cuando los impíos se levantan, los hombres se esconden» (v. 12). Es interesante la oposición que presenta este proverbio. Por un lado, el triunfo de los justos genera una gloria grande. Esto quiere decir que los resultados de sus acciones tienen peso, son permanentes, beneficiosas y evidentes para todos. Por otro lado, cuando los necios o malvados se levantan... ¡Todos salen huyendo! No hay expectativa de éxito alguno, nada duradero, lo mejor es huir o esconderse para salvar la vida.

Hay un aspecto que el maestro de sabiduría señala y que es importante considerar aun varios milenios después de que se escribió. Se refiere a la falta de carácter del liderazgo al enfrentar la tentación por el dinero. El maestro de sabiduría dice: «El hombre fiel abundará en bendiciones, pero el que se apresura a enriquecerse no quedará sin castigo» (v. 20). La fidelidad, la paciencia, el dominio propio y el contentamiento son expresiones saludables de una vida llena de sabiduría. Cuando un líder no fortalece un carácter fiel con esas virtudes, tarde o temprano, la tentación por el enriquecimiento apresurado e ilícito tocará las puertas y no quedará sin castigo.

Por eso debemos recordarnos y recordarles a los líderes con frecuencia que «mejor es el pobre que anda en su integridad que el que es perverso, aunque sea rico» (v. 6). Andar en «integridad» implica mantenernos de una sola pieza, sin resquebrajaduras ni debilitamientos en nuestros principios y convicciones. Para el Señor es mejor un pobre con carácter sólido que un perverso rico. No nos equivoquemos, no solo se trata de un fajo de billetes o alguna joya costosa, sino que, «raíz de todos los males es el amor al dinero» (1 Timoteo 6:10). Un líder necio puede oprimir a sus liderados solo para satisfacer su codicia, querrá mantenerse en el poder para seguir corrompiéndose, pero, al final, no perdurará porque «Al príncipe que es gran opresor le falta entendimiento, pero el que odia las ganancias injustas prolongará sus días» (v. 16).

En definitiva, es momento de decirle al líder que debe fortalecer su carácter para vencer las tentaciones del poder, pero también debe saber que no se trata de su fortaleza, sino de una profunda dependencia del Señor, tal como lo enseñó el autor de Hebreos:

> Sea el carácter de ustedes sin avaricia, contentos con lo que tienen, porque Él mismo ha dicho: «Nunca te dejaré ni te desampararé» de manera que decimos confiadamente:
>
> «El Señor es el que me ayuda; no temeré. ¿Qué podrá hacerme el hombre?». (Hebreos 13:5-6)

¹ El hombre que después de mucha reprensión se pone
     terco,
  De repente será quebrantado sin remedio.

² Cuando los justos aumentan, el pueblo se alegra;
  Pero cuando el impío gobierna, el pueblo gime.

³ El que ama la sabiduría alegra a su padre,
  Pero el que anda con rameras malgasta su fortuna.

⁴ El rey con la justicia afianza la tierra,
  Pero el hombre que acepta soborno la destruye.

⁵ El hombre que adula a su prójimo
  Tiende una red ante sus pasos.

⁶ El hombre malo es atrapado en la transgresión,
  Pero el justo canta y se regocija.

⁷ El justo se preocupa por la causa de los pobres,
  Pero el impío no entiende tal preocupación.

⁸ Los provocadores agitan la ciudad,
  Pero los sabios alejan la ira.

⁹ Cuando un sabio tiene controversia con un necio,
  Este se enoja o se ríe, y no hay descanso.

¹⁰ Los hombres sanguinarios odian al intachable,
  Pero los rectos se preocupan por su alma.

¹¹ El necio da rienda suelta a su ira,
  Pero el sabio la reprime.

¹² Si un gobernante presta atención a palabras
     mentirosas,
  Todos sus servidores se vuelven impíos.

¹³ El pobre y el opresor tienen esto en común:
El Señor alumbra a los ojos de ambos.

¹⁴ El rey que juzga con verdad a los pobres
Afianzará su trono para siempre.

¹⁵ La vara y la represión dan sabiduría,
Pero el niño consentido avergüenza a su madre.

¹⁶ Cuando aumentan los impíos, aumenta la transgresión,
Pero los justos verán su caída.

¹⁷ Disciplina a tu hijo y te dará descanso,
Y dará alegría a tu alma.

¹⁸ Donde no hay visión, el pueblo se desenfrena,
Pero bienaventurado es el que guarda la ley.

¹⁹ Un siervo no aprende solo con palabras;
Aunque entienda, no responderá.

²⁰ ¿Ves a un hombre precipitado en sus palabras?
Más esperanza hay para el necio que para él.

²¹ El que mima a su siervo desde la niñez,
Al final lo tendrá por hijo.

²² El hombre lleno de ira provoca rencillas,
Y el hombre violento abunda en transgresiones.

²³ El orgullo del hombre lo humillará,
Pero el de espíritu humilde obtendrá honores.

²⁴ El que se asocia con un ladrón aborrece su propia vida;
Oye el juramento, pero no dice nada.

²⁵ El temor al hombre es un lazo,
Pero el que confía en el Señor estará seguro.

²⁶ Muchos buscan el favor del gobernante,
Pero del Señor viene la justicia para el hombre.

²⁷ Abominación para los justos es el malvado,
Y abominación para el impío es el recto en su camino.

El necio no puede con su mal genio

Los provocadores agitan la ciudad,
Pero los sabios se alejan de la ira.

(29:8)

Cuando se dibuja una caricatura de una persona muy enojada se le suele colocar con los ojos muy cerrados, la cara roja, los hombros altos, los brazos tensos y los puños bien apretados. Lo que siempre me sorprende es que le añaden como dos explosiones nucleares saliendo de las orejas. Eso me hace pensar en algunos aspectos que son interesantes para reflexionar en cuanto al mal genio y cómo enfrentarlo con sabiduría.

En primer lugar, el mal genio es más una implosión que una explosión. El daño se produce desde dentro hacia afuera cuando se enciende el enojo y la primera víctima es la misma persona. Solemos pensar que un individuo malhumorado arrasa con todo a su paso, pero, en realidad, empieza con causar una devastación profunda en su propia alma. El maestro de sabiduría clarifica esta realidad cuando dice: «El necio da rienda suelta a su ira, pero el sabio la reprime» (v. 11). La figura de la «rienda» tiene que ver con las dos correas unidas al bocado que lleva el caballo en el hocico para poder controlarlo. El jinete deja de controlar al caballo cuando se «suelta la rienda» y la bestia, entonces, se «desboca» y corre sin dirección ni control.

Aunque es cierto que hay muchas expresiones violentas que se manifiestan con una persona de mal genio, la mayoría pierde el control o da rienda suelta a su enojo cuando pierden el freno y empiezan a emerger palabras de lo más profundo de su ser, una andanada de frases desbocadas que solo expresan un enojo encendido y furioso. Las veces que me ha pasado o lo he visto en otras personas, siempre me he preguntado cuánto dolor, amargura y quebranto debe haber en el interior para que una pequeña chispa produzca tal explosión que sale en llamaradas por la boca. Muchas veces no es producto de las circunstancias, sino de situaciones internas, porque basta —por ejemplo— que uno le diga a alguien que estaba primero en la línea de la fila del supermercado para que esa persona se descontrole y el hongo amarillo y nuboso de una explosión de ira salga por su boca.

La respuesta del sabio no va por dar «rienda suelta» a su mal, sino, por el contrario, «el sabio la reprime». La palabra «reprimir» no está muy de moda. Hoy se nos aconseja no permitir que nada ni nadie (aun nosotros mismos), contengamos, refrenemos, aplaquemos o moderemos algún área de nuestro comportamiento. Pareciera que debemos ser libres como caballos salvajes que no conocen de riendas ni de frenos. Sin embargo, la conclusión del maestro es bastante desoladora: «¿Ves a un hombre precipitado en sus palabras? Más esperanza hay para el necio que para él?» (v. 20). Un caballo indómito es bueno para pintarlo o fotografiarlo de lejos, ¿no es cierto? Pero nunca para tenerlo cerca.

La verdad es que el mal genio desbocado nos dejará muy solos, enfermos por dentro y causando mucho daño a los que están cerca. Debido a que la explosión de la ira surge de nuestro interior, poco lograremos solucionar o cambiar al culpar a otros o a las circunstancias para justificar nuestros arrebatos. Más allá de los factores externos, es muy importante ser sabio y aprender a «reprimir» la ira. Sirve de mucho ver cómo otras versiones han traducido esa palabra: sosegar (JBS); controlar (NBV); dominar (NVI). Todas estas palabras indican la responsabilidad personal y también el hecho innegable de que no es algo ajeno a nuestro control alcanzado a través de la madurez de nuestro carácter.

En segundo lugar, el texto del encabezado nos muestra otro aspecto en la lucha con nuestro mal genio: «Los provocadores agitan la ciudad, pero los sabios se alejan de la ira» (v. 8). Es cierto que vivimos en una sociedad airada, en donde las explosiones de enojo forman parte de la cotidianeidad y hasta —en cierto modo— se justifican y se ensalzan como el único medio para salir adelante en la vida. Avanzar a gritos y empujar con los codos se ha vuelto casi una norma en la sociedad contemporánea. Pero este tipo de personas no son nuevas. El maestro de sabiduría habla de «provocadores» que agitan la ciudad, incitando y promoviendo un estremecimiento social, o lo que otra versión traduce como «[poner] la ciudad en llamas» (RVR1960). Es cierto, nuestras ciudades están realmente en llamas con gente airada que pareciera tener combustible en el alma y un lanzallamas que quema todo lo que está alrededor, incluidos ellos mismos.

¿Tenemos que simplemente resignarnos a vivir neciamente de esa manera? El maestro de sabiduría dice que esta radica en «alejarse de la ira». La palabra hebrea para «alejarse» también denota dar la espalda, devolverse y no caer en la incitación. En este caso, también la sabiduría se muestra al no dejarse llevar por lo que pueda estar pasando o lo que los provocadores quieran producir en uno, sino en una sapiencia que es producto de la madurez del carácter y que nos permite darnos vuelta y alejarnos de la ira.

No quisiera dejar de mencionar un proverbio que vimos en una oportunidad anterior: «No te asocies con el hombre iracundo, ni andes con el hombre violento, no sea que aprendas sus maneras y tiendas lazos para ti mismo» (22:24-25). Si nos dejamos llevar por el *statu quo* pensaremos que no hay escapatoria y que debemos unirnos al cuerpo de provocadores incendiarios para poder sobrevivir. Sin embargo, el consejo no deja duda de que debemos alejarnos, desasociarnos y darles la espalda a los violentos, no solo por el mal que causan, sino porque podemos aprender sus maneras y quedar atrapados en sus formas. Nunca será sabio ser uno de ellos.

Podemos aprender las buenas maneras sapienciales de Jesucristo (Mateo 11:28-30). Él conoce el tipo de sociedad en la que vivimos y las consecuencias dolorosas que nos producen; por eso vino, para librarnos de esa realidad de dolor y pesar. El apóstol Pablo lo entendió perfectamente y cuando estaba prisionero entregó este consejo, invitando a los cristianos a mantener vivo el ejemplo de Jesucristo en sus vidas:

No hagan nada por egoísmo o por vanagloria, sino que con actitud humilde cada uno de ustedes considere al otro como más importante que a sí mismo, no buscando cada uno sus propios intereses, sino más bien los intereses de los demás. Haya, pues, en ustedes, esta actitud que hubo también en Cristo Jesús». (Filipenses 2:3-5a)

PROVERBIOS 30

Palabras de Agur

1   Palabras de Agur, hijo de Jaqué: el oráculo.

Declaración del hombre a Itiel, a Itiel y a Ucal.

2   Ciertamente soy el más torpe de los hombres,
    Y no tengo inteligencia humana.
3   Y no he aprendido sabiduría,
    Ni tengo conocimiento del Santo.
4   ¿Quién subió al cielo y descendió?
    ¿Quién recogió los vientos en Sus puños?
    ¿Quién envolvió las aguas en Su manto?
    ¿Quién estableció todos los confines de la tierra?
    ¿Cuál es Su nombre o el nombre de Su hijo?
    Ciertamente tú lo sabes.

5   Probada es toda palabra de Dios;
    Él es escudo para los que en Él se refugian.
6   No añadas a Sus palabras,
    No sea que Él te reprenda y seas hallado mentiroso.

7   Dos cosas te he pedido,
    No me las niegues antes que muera:
8   Aleja de mí la mentira y las palabras engañosas,
    No me des pobreza ni riqueza;
    Dame a comer mi porción de pan,

⁹ No sea que me sacie y te niegue, y diga:
«¿Quién es el Señor?».
O que sea menesteroso y robe,
Y profane el nombre de mi Dios.

¹⁰ No hables mal del esclavo ante su amo,
No sea que te acuse y seas hallado culpable.

¹¹ Hay gente que maldice a su padre,
Y no bendice a su madre.
¹² Hay gente que se tiene por pura,
Pero no está limpia de su inmundicia.
¹³ Hay gente de ojos altivos,
Cuyos párpados se alzan en arrogancia.
¹⁴ Hay gente cuyos dientes son espadas,
Y sus muelas cuchillos,
Para devorar a los pobres de la tierra,
Y a los menesterosos de entre los hombres.

¹⁵ La sanguijuela tiene dos hijas, que dicen: «¡Dame!»,
«¡Dame!».
Hay tres cosas que no se saciarán,
Y una cuarta que no dirá: «¡Basta!».
¹⁶ El Seol, la matriz estéril,
La tierra que jamás se sacia de agua,
Y el fuego que nunca dice: «¡Basta!».
¹⁷ Al ojo que se burla del padre
Y escarnece a la madre,
Lo sacarán los cuervos del valle,
Y lo comerán los aguiluchos.

¹⁸ Hay tres cosas que son incomprensibles para mí,
Y una cuarta que no entiendo:

¹⁹ El rastro del águila en el cielo,
El rastro de la serpiente sobre la roca,
El rastro del barco en medio del mar,
Y el rastro del hombre en la doncella.
²⁰ Así es el proceder de la mujer adúltera:
Come, se limpia la boca,
Y dice: «No he hecho nada malo».

²¹ Por tres cosas tiembla la tierra,
Y por una cuarta no se puede sostener:
²² Por el esclavo cuando llega a ser rey,
Por el necio cuando se sacia de pan,
²³ Por la mujer odiada cuando se casa,
Y por la sierva cuando suplanta a su señora.

²⁴ Cuatro cosas son pequeñas en la tierra,
Pero son sumamente sabias:
²⁵ Las hormigas, pueblo sin fuerza,
Que preparan su alimento en el verano;
²⁶ Los tejones, pueblo sin poder,
Que hacen su casa en la peña;
²⁷ Las langostas, que no tienen rey,
Pero todas salen en escuadrones;
²⁸ Y el lagarto, que se puede agarrar con las manos,
Pero está en los palacios de los reyes.

²⁹ Hay tres cosas majestuosas en su marcha,
Y aun una cuarta de elegante caminar:
³⁰ El león, poderoso entre las fieras,
Que no retrocede ante ninguna,
³¹ El gallo, que se pasea erguido, asimismo el macho cabrío,
Y el rey cuando tiene el ejército con él.

[32] Si has sido necio en ensalzarte,
O si has tramado el mal, pon la mano sobre tu boca;
[33] Porque batiendo la leche se saca mantequilla,
Y apretando la nariz sale sangre,
Y forzando la ira se produce pleito.

Encaminémonos hacia la sabiduría

Probada es toda palabra de Dios;
Él es escudo para los que en Él se refugian.

(30:5)

Entramos ahora a la penúltima sección del Libro de Proverbios. El autor de este capítulo se presenta como «Agur, hijo de Jaqué» (v. 1a). Ambos personajes son completamente desconocidos. Algunos estudiosos piensan que son nombres simbólicos, ya que Agur significa «recolector» y Jaqué se puede traducir como «obediente». Los proverbios son entregados a «Itiel y a Ucal» (v. 1b), quienes son considerados hijos o discípulos de Agar. Insisto, se consideran nombres simbólicos que significan «Dios contigo» y «celoso» o «fuerte». Por lo tanto, podríamos hablar de un discurso de sabiduría pronunciado por el recolector de obediencia para que el que goza de la presencia de Dios se mantenga celoso por la verdad.

El capítulo está conformado por diversos apotegmas, es decir, dichos de sabiduría proverbial escritos en grupos de dos a cuatro declaraciones que buscan exponer la realidad en toda su dimensión, pero también el anhelo humano por la sabiduría y la exposición del contraste entre la sabiduría y la necedad. En nuestro caso, presentaré solo la primera parte como un viaje que nos encamina hacia la sabiduría y que nos muestra los retos a los que debemos estar atentos al buscar caminar sabiamente y para la gloria de Dios.

La primera señal de que estamos bien encaminados en dirección a una vida sabia es cuando reconocemos nuestra propia ignorancia. Agur es claro y dice sin miramientos: «Ciertamente soy el más torpe de los hombres, y no tengo inteligencia humana. Y no he aprendido sabiduría, ni tengo conocimiento del Santo» (vv. 2-3). Estas palabras podrían lucir extremas y hasta injustas si uno solo las evalúa en términos humanos. Sin embargo, Agur no está comparando su sabiduría en relación con otros contemporáneos, sino con Dios mismo. Él se pregunta: «¿Quién subió al cielo y descendió? ¿Quién recogió los vientos en Sus puños? ¿Quién envolvió las aguas en Su manto? ¿Quién estableció todos los confines de la tierra? ¿Cuál es Su nombre o el nombre de Su hijo? Ciertamente tú lo sabes» (v. 4). Ningún humano lo puede hacer, solo el Dios sabio y omnipotente.

Es indudable que toda búsqueda de sabiduría no empieza creyéndome ya sabio y menos con un libro de datos por aprender, sino con un claro sentido de humildad y reconocimiento de nuestra propia ignorancia y de un sometimiento tácito a Dios mismo, la fuente de sabiduría. Agur reconoce lo que David cantaba con respecto a la sabiduría manifiesta de Dios en la creación:

Los cielos proclaman la gloria de Dios,
Y el firmamento anuncia la obra de Sus manos. [...]
No hay mensaje, no hay palabras;

No se oye su voz.
Pero por toda la tierra salió su voz,
Y hasta los confines del mundo sus palabras.
(Salmos 19:1, 3-4)

El camino a la sabiduría empieza cuando nos detenemos asombrados al ver la enorme sapiencia de Dios desplegada de forma evidente y maravillosa en toda la creación. El apóstol Pablo estaba lleno de admiración cuando dijo: «Porque desde la creación del mundo, Sus atributos invisibles, Su eterno poder y divinidad, se han visto con toda claridad, siendo entendidos por medio de lo creado, de manera que ellos [nosotros] no tienen excusa» (Romanos 1:20). La sabiduría verdadera tiene su punto de partida en el temor reverente a un Dios creador y sustentador de toda la creación, de la cual todos nosotros formamos parte y nos beneficiamos.

La segunda parada nos lleva a detenernos en otra manifestación inmensa de la sabiduría divina: las Escrituras. Las palabras de Agur en el encabezado de esta reflexión afirman que la sabiduría de Dios no es teórica o subjetiva, sino que está «probada» por completo en medio de su pueblo. La Palabra de Dios nos habla de un Señor protector y redentor, en quien podemos refugiarnos con confianza porque, como dijo Pedro: «Y así tenemos la palabra profética más segura, a la cual ustedes hacen bien en prestar atención como a una lámpara que brilla en el lugar oscuro, hasta que el día despunte y el lucero de la mañana aparezca en sus corazones» (2 Pedro 1:19). Es tan completa, perfecta y apropiada, que Jesucristo llegó a afirmar: «Pero es más fácil que el cielo y la tierra pasen, que un ápice de la ley deje de cumplirse» (Lucas 16:17).

Decimos que una persona «no va a inventar la rueda» cuando nos referimos a algo que ha sido sumamente probado y que no requiere que pensemos en modificarlo en lo absoluto. Por eso Agar dice: «No añadas a Sus palabras, no sea que Él te reprenda y seas hallado mentiroso» (v. 6). Ya Adán y Eva comprobaron que es necio cuestionar el mandamiento clarísimo de Dios, pero es aún mucho más necio tratar de añadir palabras que el Señor no ha pronunciado y así confundir y perder el sentido de la sabiduría divina (Génesis 3). Como la sabiduría de Dios se muestra perfecta, compleja y eficiente en la creación, también las Escrituras confirman que la sabiduría de Dios es para el cristiano: «útil para enseñar, para reprender, para corregir, para instruir en justicia, a fin de que el hombre de Dios sea perfecto, equipado para toda buena obra» (2 Timoteo 3:16-17).

Agur no se queda teorizando alrededor del poder de la sabiduría de Dios en la creación y en las Escrituras. Eso no sería sabiduría bíblica. Por el contrario, una vida sabia es una vida buena, equilibrada y productiva que pone en práctica la verdad. Pero también es una vida que reconoce su levedad, brevedad y que no es ajena a sufrir ante cualquier circunstancia fortuita. El sabio reconoce que la vida es corta, los desafíos son diarios, que en su vida habrá victorias y derrotas, pero también sabe que su Dios es el que «puede atrapar el viento en sus manos o envolver el mar en su manto» (v. 4c, NVI). Él sabe que no puede depender de su fuerza, su conocimiento ni su intuición. La sabiduría nunca nos convertirá en seres independientes, infalibles y autónomos del Creador. Por el contrario, nos lleva a depender de Dios con todas las fuerzas y a pedirle que nos conceda una vida buena, por su sola gracia, y además la posibilidad de una vida íntegra producto de la salvación en Jesucristo.

Agur es sabio, reconoce la inconmensurable sabiduría de Dios en la creación, afirma el valor probado de la Palabra de Dios que no necesita una tilde más, pero también se acerca al Señor con sabiduría y acepta su finitud para pedirle dos cosas que deberíamos pedir nosotros también para tener realmente una vida buena:

> Dos cosas te he pedido,
> No me las niegues antes que muera:
> Aleja de mí la mentira y las palabras engañosas,
> No me des pobreza ni riqueza;
> Dame a comer mi porción de pan,
> No sea que me sacie y te niegue, y diga:
> «¿Quién es el Señor?».
> O que sea menesteroso y robe,
> Y profane el nombre de mi Dios. (vv. 7-8)

Palabras del rey Lemuel

1 Palabras del rey Lemuel, oráculo que le enseñó su madre.

2 ¿Qué, hijo mío?
   ¿Y qué, hijo de mis entrañas?
   ¿Y qué, hijo de mis votos?
3 No des tu vigor a las mujeres,
   Ni tus caminos a lo que destruye a los reyes.
4 No es para los reyes, oh Lemuel,
   No es para los reyes beber vino,
   Ni para los gobernantes desear bebida fuerte;
5 No sea que beban y olviden lo que se ha decretado,
   Y perviertan los derechos de todos los afligidos.
6 Denle bebida fuerte al que está pereciendo,
   Y vino a los amargados de alma.
7 Que beba y se olvide de su pobreza,
   Y no recuerde más su aflicción.
8 Abre tu boca por los mudos,
   Por los derechos de todos los desdichados.
9 Abre tu boca, juzga con justicia,
   Y defiende los derechos del afligido y del necesitado.

Elogio de la mujer hacendosa

10 Mujer hacendosa, ¿quién la hallará?
    Su valor supera en mucho al de las joyas.

11 En ella confía el corazón de su marido,
   Y no carecerá de ganancias.

12 Ella le trae bien y no mal
   Todos los días de su vida.

13 Busca lana y lino,
   Y con agrado trabaja con sus manos.

14 Es como las naves de mercader,
   Trae su alimento de lejos.

15 También se levanta cuando aún es de noche,
   Y da alimento a los de su casa
   Y tarea a sus doncellas.

16 Evalúa un campo y lo compra;
   Con sus ganancias planta una viña.

17 Ella se ciñe de fuerza
   Y fortalece sus brazos.

18 Nota que su ganancia es buena,
   No se apaga de noche su lámpara.

19 Extiende sus manos a la rueca,
   Y sus manos toman el huso.

20 Extiende su mano al pobre,
   Y alarga sus manos al necesitado.

21 No tiene temor de la nieve por los de su casa,
   Porque todos los de su casa llevan ropa escarlata.

22 Se hace mantos para sí;
   Su ropa es de lino fino y de púrpura.

23 Su marido es conocido en las puertas de la ciudad,
   Cuando se sienta con los ancianos de la tierra.

24 Hace telas de lino y las vende,
   Y provee cinturones a los mercaderes.

25 Fuerza y dignidad son su vestidura,
   Y sonríe al futuro.

26 Abre su boca con sabiduría,
Y hay enseñanza de bondad en su lengua.
27 Ella vigila la marcha de su casa,
Y no come el pan de la ociosidad.
28 Sus hijos se levantan y la llaman bienaventurada,
También su marido, y la alaba diciendo:
29 «Muchas mujeres han obrado con nobleza,
Pero tú las superas a todas».
30 Engañosa es la gracia y vana la belleza,
Pero la mujer que teme al Señor, esa será alabada.
31 Denle el fruto de sus manos,
Y que sus obras la alaben en las puertas de la ciudad.

El corolario de la sabiduría para una vida buena

Palabras del rey Lemuel,
oráculo que le enseñó su madre.

(31:1)

Entramos a la última sección del Libro de Proverbios. Ahora nos encontramos con las palabras del rey Lemuel, las que le enseñó su madre (v. 1). Ambos personajes son completamente desconocidos. Algunos estudiosos lo vinculan con Salomón o con cualquier otro rey justo en Israel. Sin embargo, son solo suposiciones sin mayor asidero. Lo cierto es que Lemuel significa «dedicado a Dios», por lo que se puede pensar en un rey idóneo. La sabiduría es provista por el consejo de su madre, que muestra en sus consejos el deseo de que su hijo tenga una vida sabia y virtuosa.

La primera parte de las enseñanzas buscan librar de peligros a Lemuel, advirtiéndole lo que debe evitar en su vida, para luego exhortarlo a ser un rey que no viva para sí mismo, sino que actúe en favor de los más necesitados. La segunda parte es un poema acróstico de veintidós estrofas que empiezan con cada una de las letras del alfabeto hebreo. Este poema celebra o reconoce los rasgos de una mujer de carácter y fortaleza.

Creo que es sumamente significativo que la sabiduría se presente y represente, en el capítulo conclusivo de Proverbios, a través de una madre sabia y una mujer hacendosa: la primera demuestra su sabiduría con sus consejos directos —al grano, pertinentes y sin anestesia— a su hijo gobernante. En tanto la segunda muestra su sabiduría con una vida fructífera, abnegada y ejemplar de la que no solo su familia, sino muchos otros, se benefician.

La madre de Lemuel establece su autoridad al reconocerlo como «hijo de mis entrañas» e «hijo de mis votos» (v. 2). Estas dos frases señalan con absoluta claridad que Lemuel le debe la vida y que su llegada no fue casual, sino producto de un pedido al Señor y asumiendo un compromiso responsable delante de Dios. La autoridad y la sabiduría de una madre se celebra en todo el Libro de Proverbios y se advierte del peligro de pasarla por alto.

Esta madre sabia tiene razón al advertirle que nunca podrá actuar con sabiduría mientras permita en su vida todo aquello que le haga perder el dominio propio y disipar su conducta, sea ello una mujer o cualquier otra actividad que «destruye a los reyes» (v. 3). Una vez más se nos reitera que la sabiduría verdadera busca fortalecer primeramente el carácter que permita trabajar con diligencia para gozar de una vida buena.

Esta madre quiere que su hijo viva sabiamente, por eso no sorprende que la siguiente advertencia materna sea en contra del abuso del licor. El peligro radica en abusar de algo que cause la pérdida del control y del discernimiento de la realidad, en excederse en cuanto a que «beban y olviden lo que se ha decretado, y perviertan los derechos de todos los afligidos» (v. 5). Hay dos características fundamentales en los sabios que el licor distorsiona cuando es consumido en exceso. El primero es la incapacidad de recordar sus propios valores y principios, y el segundo es la perturbación del orden y el daño que se les causa a los que ya están sufriendo.

Son varias las advertencias contra la intoxicación por abuso de bebidas fuertes en Proverbios: «El vino es provocador, la bebida fuerte alborotadora, y cualquiera que con ellos se embriaga no es sabio» (20:1). No solo se habla de la intoxicación, sino del estilo de vida disipado que puede propiciar su predilección abusiva: «El que ama el placer será pobre; el que ama el vino y los ungüentos no se enriquecerá» (21:17). No solo se trata del consumo personal, sino también de evitar las compañías que no tengan control sobre la bebida y sus apetitos: «No estés con los bebedores de vino, ni con los comilones de carne. Porque el borracho y el glotón se empobrecerán, y la vagancia se vestirá de harapos» (23:20-21). Finalmente, Proverbios tiene una de las amonestaciones más ilustrativas y llenas de sabiduría con respecto al exceso en el consumo de bebidas alcohólicas.

¿De quién son los ayes? ¿De quién son las tristezas?
¿De quién las luchas? ¿De quién las quejas?
¿De quién las heridas sin causa?
¿De quién los ojos enrojecidos?
De los que se demoran mucho con el vino,
De los que van en busca de vinos mezclados.
No mires al vino cuando rojea,
Cuando resplandece en la copa;
Entra suavemente,
Pero al final muerde como serpiente,
Y pica como víbora.

Tus ojos verán cosas extrañas,
Y tu corazón proferirá perversidades.
Y serás como el que se acuesta en medio del mar,
O como el que se acuesta en lo alto de un mástil.
Y dirás: «Me hirieron, pero no me dolió;
Me golpearon, pero no lo sentí.
Cuando despierte,
Volveré a buscar más».
(23:29-35)

La advertencia final de la madre del rey Lemuel me llena de un sentido profundo de responsabilidad. Hoy se entiende la sabiduría como una virtud para beneficio personal. Sin embargo, la que se enseña en Proverbios tiene como objetivo la formación de líderes sabios que promuevan el bien común. Por lo tanto, aplicar la sabiduría para ser la voz de los necesitados es la mejor conclusión y el mejor consejo de esta madre para su hijo:

Abre tu boca por los mudos,
Por los derechos de todos los desdichados.
Abre tu boca, juzga con justicia,
Y defiende los derechos del afligido y del necesitado.
(vv. 8-9, énfasis añadido)

El Libro de Proverbios culmina con la personificación de la sabiduría a través del ejemplo de una «mujer hacendosa» (v. 10). No debemos perder de vista que también fue representada en los primeros capítulos como una dama instructora que clama desde las calles: «Y ustedes, necios, aprendan sabiduría» (8:5). Ahora veremos la prueba palpable y práctica de los frutos de la sabiduría, tal como ella misma lo había anunciado: «Reciban mi instrucción y no la plata, y conocimiento antes que el oro escogido, porque mejor es la sabiduría que las joyas, y todas las cosas deseables no pueden compararse con ellas» (8:10-11).

¿Cómo luce, entonces, la sabiduría en la vida práctica? Es evidente que la sabiduría propuesta en Proverbios no es teórica ni meramente subjetiva. Su valor y su utilidad se presentan de manera innegable a través de una vida buena y fructífera que no es producto de un milagro ni de la casualidad, sino de un carácter sabio forjado por la búsqueda diligente de un estándar excelente en la vida diaria.

Es notable la diligencia y la fortaleza de esta mujer en todas sus acciones dado que busca, trabaja, trae, madruga y trasnocha por el bien de los suyos (vv. 13, 14, 15, 18). Pero no pensemos que solo se trata de trabajo meramente manual o doméstico. Es evidente que se trata de un esfuerzo sofisticado, ya que esta mujer sabia conoce de negocios y procura ganancias: «Evalúa un campo y lo compra; con sus ganancias planta una viña» (v. 16). También es hábil con la tecnología: «Extiende sus manos a la rueca, y sus manos toman el huso» (v. 19). Ella no solo provee de buenos vestidos para sus hijos en invierno (vv. 21-22), sino que su habilidad llega a convertir sus realizaciones en productos de exportación: «Hace telas de lino y las vende, y provee cinturones a los mercaderes» (v. 24). Es increíble ver cómo esta mujer sabia y con un carácter forjado lleva una vida tan buena y segura que llega a decir: «Fuerza y dignidad son su vestidura, y sonríe al futuro» (v. 25). Esta sonrisa al futuro no es simplemente un optimismo esperanzado, sino que es el resultado de un trabajo diligente, constante y sacrificado: «Ella vigila la marcha de su casa, y no come el pan de la ociosidad» (v. 27).

Esa es la clase de vida buena que la búsqueda y la aplicación de la sabiduría traen consigo. No es una vida egoísta o que simplemente se deleita en sus recursos materiales. Como ya vimos, la verdadera sabiduría no es solo para mi beneficio, sino para alcanzar el bien común. Por eso, las manos de esta mujer se extienden para trabajar con mucho esfuerzo y así bendecir a su familia, pero también, «extiende su mano al pobre, y alarga sus manos al necesitado» (v. 20). Nunca habrá verdadera sabiduría bíblica sin misericordia y compasión para con el prójimo.

Por último, como dijimos al inicio de nuestras reflexiones, el Libro de Proverbios empezó señalándonos un principio fundamental: «El temor del Señor es el principio de la sabiduría; los necios desprecian la sabiduría y la instrucción» (1:7). El punto de partida de la sabiduría es un respeto reverente al dueño de toda la sabiduría y el conocimiento, nuestro Señor Jesucristo, Dios encarnado; de quien Pablo dijo: «Cristo es poder de Dios y sabiduría de Dios» (1 Corintios 1:24b). A nosotros nos toca ponernos a cuenta con Dios, reconocer que la sabiduría divina no comienza haciendo un balance de nuestros recursos, habilidades e inteligencia, sino de nuestra incompetencia y separación de Dios. Desde allí podremos emprender el largo camino que nos llevará a dejar atrás nuestra necedad y sus fracasos para tornarnos a la sabiduría y empezar a ver los frutos de una vida buena.

Por eso este libro termina con el elogio a la mujer que puso en práctica la sabiduría y ahora gozaba de los frutos de su propio esfuerzo y diligencia.

Engañosa es la gracia y vana la belleza,
Pero la mujer que teme al Señor, esa será alabada.
Denle el fruto de sus manos,
Y que sus obras la alaben en las puertas de la ciudad.
(31:30-31)

¡Que así sea también con cada uno de nosotros!

Notas

1. Ronald Clements, *Wisdom for a Changing World* (Sheffield, UK: Sheffield Academic Press, 1990) p. 20.

2. *Ibíd.*, p. 30.

3. *Ibíd.*, p. 9.

4. Richard Clifford, *The Wisdom Literature* (Nashville: Abingdon Press, 1998), p. 43.

5. https://www.quotes.net/mquote/18102.

6. Antonio Machado, Pedro Tabenero y Jordi Garriga, «Proverbios y cantares», Campos de Castilla (Sevilla: Grupo Pandora, 2019).

7. Antonio Machado, «Yo voy soñando caminos», Soledades, galerías y otros poemas (Madrid: Librería de Pueyo, 1907).

8. C. S. Lewis, *La abolición del hombre* (Nueva York: HarperCollins Español, 2016), pp. 36-37.

9. G. K. Chesteron, *Ortodoxia* (México: Editorial Porrúa, 1998), p. 19.

Coalición por el Evangelio es un grupo de pastores, iglesias, y líderes comprometidos con la centralidad del evangelio para toda la vida y el ministerio. Logramos este propósito mediante diversas iniciativas, incluyendo nuestra página web, eventos, y publicaciones. Además, hemos unido esfuerzos con diferentes casas editoriales para producir recursos que enfocan nuestra fe en Jesucristo, y moldean nuestras prácticas conforme a las Escrituras.

Cuando un libro lleva el logotipo de Coalición por el Evangelio, usted puede confiar que fue escrito, editado, y publicado con el firme propósito de exaltar la verdad de Dios y el mensaje del evangelio.

www.coalicionporelevangelio.org